조문으로 보는 용어정리
민법총칙

위패스 김묘엽 민법

https://www.youtube.com/@wepass

民法總則

조문으로 보는 용어정리
민법총칙

L Law&Order

머리말

민법을 배워나가는 여러분들 안녕하세요.

민법에 흥미와 재미를 느끼면서, 쉽게 공부하고 싶다면 여러분들은 반드시 민법의 용어, 민법의 체계 2가지를 확실히 다지셔야 합니다. 이 2가지의 가장 중요한 요소를 잡는 것은 절대 쉬운 일이 아닙니다. 그 이유는 다음과 같은 이유 때문입니다.

민법의 용어가 어려운 이유는 용어자체가 한문을 사용한 함축적인 표현임과 동시에 일본의 언어적인 관념도 이해해야 하기 때문입니다. 독일민법을 일본학자들이 자신들의 언어적인 관념으로 번역했고 이를 우리나라가 그대로 받아들여 사용하기 때문에 발생하게 된 현상입니다. 한문의 뜻을 이해해야 함과 동시에 일본적 언어의 관념도 이해해야 하는 2중의 어려움이 있습니다.

예를 들어 '정지'와 '중단'의 단어를 설명해 보면, 둘 다 대략적으로 멈춘다는 의미로 사용됩니다. 하지만 더욱 섬세한 차이점을 알고 계셔야 합니다. '정지'는 멈춘 후 나머지를 하면 된다는 의미를 가지고 있고, '중단'은 멈춘 후 다시 시작해야 한다는 의미를 가지고 있습니다. 가령 서울에서 부산으로 가야 하는 차량이 중간에 휴게소에 멈추는 것을 '정지'라고 하고, 일을 잘못했을 때 하던 일을 멈추고 다시 검토할 때 '중단'이라고 하는 것은 이러한 언어적인 의미 때문입니다. 이 단어의 차이점을 알기 위해서는 정지에 '지'와 중단의 '단'의 한문적인 의미를 먼저 이해하셔야 합니다. 정지의 '지'는 멈춘다는 뜻이고, 중단에 '단'은 끊어낸다는 뜻을 가지고 있기에 '정지'는 가다가 멈춘다는 의미가 되고, '중단'은 가다가 멈추고 지금까지 왔던 것을 끊어내겠다는 의미가 됩니다. 이런 관점으로 소멸시효의 정지와 중단을 이해하시면 민법 용어의 의미가 확실하게 잡히시게 됩니다.

민법의 체계가 어려운 2번째 이유는 민법이 가지는 연혁적인 요소를 모르기 때문입니다. 우리가 사용하는 민법은 우리 국민의 전통적인 삶을 바탕으로 만든 것이 아니라 독일 즉 서유럽의 개인주의적 사상에 바탕을 둔 삶을 기본으로 만들어진 것입니다. 그들의 사고방식과 연혁적인 부분을 알지 못하면 민법의 체계를 이해할 수가 없습니다.

예를 들어 프랑스의 시민혁명은 시민이 아닌 부르주아들이 주도한 것으로 시민혁명 이후에 부르주아들에 의해서 입법부가 구성되었습니다. 그때 만들어진 법이 민법입니다. 부르주아들은 부를 축적한 부유 계층으로 사회적으로 주로 사업주의 위치에 있는 자들입니다. 그들이 만든 민법도 역시 그들의 시각이 반영되어 근로자와의 계약을 고용계약이라고 합니다. 즉 부르주아적인 시각에서 내가 너희들을 고용한다는 생각이 반영된 용어입니다. 반면에 근로자의 시각이 반영된 노동법에서는 근로계약이라고 합니다. 고용계약, 근로계약은 동일하지만 이런 연혁적인 차이점이 있어서 용어를 달리 사용합니다.

앞서 설명한 이유로 민법 용어에 관한 공부에 어려움이 있지만 이를 도와주는 교재는 없었습니다. 이런 문제점을 해결할 수 있는 교재가 있으면 좋겠다는 생각에 이 책을 내게 되었습니다. 교수님들의 교재를 아무리 살펴봐도 찾을 수 없는 개념들이 많았기 때문에 많은 시간과 노력이 들었지만, 그 때문에 여러분들의 수고를 덜 수 있을 것 같다는 생각으로 열심히 찾아서 꼼꼼히 정리했습니다.

많은 시간을 교재에 투자할 수 있도록 옆에서 도와주고 격려해 준 나의 아내와 교재를 기꺼이 출간해 주신 로앤오더 출판사 사장님과 직원 여러분, 그리고 섬세한 부분까지 수정해 준 연구원 김준엽 군에게도 깊은 감사를 표합니다. 이 교재가 민법을 공부하시는 여러분들의 노고와 시간을 덜어주는 좋은 교재가 되길 바랍니다.

김묘엽 드림

이 책의 특징

▲ 먼저 용어에 대한 개념을 상세히 정리했습니다. 특히 용어의 개념을 단어의 의미를 중심으로 상세히 설명했습니다.

표현대리에 대한 용어를 교수님들의 교재와 비교해 보면 다음과 같습니다.

▸ 교수님들 교재설명 : 대리인에게 대리권이 없음에도 불구하고 마치 그것이 있는 것과 같은 외관이 있고 또 그러한 외관의 발생에 대하여 본인이 어느 정도 책임이 있는 경우에, 그 무권대리행위에 대하여 본인에게 책임을 지게 함으로써, 본인의 이익의 희생 하에 상대방 및 거래의 안전을 보호하려는 제도이다.

▸ 이 교재의 설명 : 표현대리는 표시되고 나타난 현상이 대리인처럼 보이는 것을 말합니다. 즉 실상은 대리권이 없는 무권대리인입니다.

이처럼 용어에 대한 개념을 단어의 의미를 중심으로 설명하게 되면 막연하게 느껴지던 민법용어의 개념이 친숙하게 느껴지면서 그 뜻을 이해하시기 편하게 됩니다. 또한 덤으로 유사한 다른 조문도 의미도 파악하시게 됩니다. 표현지배인이라는 용어를 처음 보신다 하더라도 '표시되고 나타난 현상이 지배인처럼 보이지만 실상은 지배권이 없는 무권지배인을 말하는 것이군'이라고 쉽게 의미를 파악하시게 됩니다.

▲ 다음으로 비슷한 용어의 차이점을 상세히 정리했습니다. 유사하지만 다른 의미를 가지고 있는 용어를 모아서 한 눈에 비교하실 수 있도록 정리를 했습니다. 여러분들이 가장 궁금해 하면서 가장 해결이 되지 않았던 부분이라고 할 수 있습니다.

민법에서 사용되는 허락, 허가, 승낙은 어떤 경우에 사용되는지에 대해서 개념을 정리한 후에 조문을 읽어보겠습니다.

▸ 허락은 새로운 것에 대해서 바라는 것이 있으면 들어주는 것을 말합니다. 미성년자가 영업을 하는 것을 바라는데 법정대리인이 이를 들어주는 것은 '허락'입니다. 미성년자가 새로운 영업을 하려는 것이기 때문입니다.

▸ 허가는 국가기관이 하는 허락을 말합니다. 새로운 것에 대해서 바라는 것을 들어주는 것인데 이를 국가기관이 해주면 허가라고 부릅니다. 법인을 설립을 바라는데 주무관청이 이를 들어주는 것은 '허가'입니다. 새롭게 법인을 설립하려고 하는 것을 들어주는 기관이 국가기관이기 때문입니다.

▸ 승낙은 기존의 것에 대해서 바라는 것을 들어주는 것을 말합니다. 임의대리인이 복대리인을 선임하고자 할 때 본인이 이를 들어주는 것은 '승낙'입니다. 기존의 대리권의 행사를 다른 사람에게 맡기는 것이기 때문입니다.

이처럼 단어의 차이점을 상세히 정리하신 후에 조문을 읽게 되면 입법자의 입법의 의도를 파악하실 수 있게 되어 특정한 단어만 들어도 조문의 해석이 바로 가능하게 되십니다. 법인이 선임한 재산관리인이 부재자의 재산을 처분하고자 할 때에는 법원이라는 국가기관의 허락인 '허가'가 필요합니다. 계약 성립의 청약을 들어주는 상대방의 허락은 '승낙'이 됩니다.

이 책의 활용법

▲ 민법을 공부하시다가 용어에 대한 궁금함이 생기시면 바로 찾아보시는 것이 좋습니다. 민법전의 순서로 용어를 정리했기 때문에 공부를 하시다가 바로 찾아보실 수 있도록 했습니다.

▲ 조문에서 반복적으로 사용되는 용어에 대해서는 해당조문마다 반복해서 싣지 않았습니다. 반복해서 싣게 되면 교재의 두꺼움과 피로감이 커지는 단점 있기 때문입니다. 대신에 교재의 맨 뒤에 색인을 넣어서 해당 용어를 쉽게 찾을 수 있도록 했습니다.

목 차

법률 배경지식 정리 ··· 11

법률용어 정리 ··· 19
  제1장 통칙 ··· 28
  제2장 인 ·· 29
    제1절 능력 ·· 29
    제2절 주소 ·· 42
    제3절 부재와 실종 ·· 43
  제3장 법인 ··· 48
    제1절 총칙 ·· 48
    제2절 설립 ·· 52
    제3절 기관 ·· 60
    제4절 해산 ·· 66
    제5절 벌칙 ·· 73
  제4장 물건 ··· 74
  제5장 법률행위 ··· 78
    제1절 총칙 ·· 78
    제2절 의사표시 ·· 83
    제3절 대리 ·· 91
    제4절 무효와 취소 ·· 106
    제5절 조건과 기한 ·· 112
  제6장 기간 ··· 117
  제7장 소멸시효 ··· 123

용어색인 ··· 133

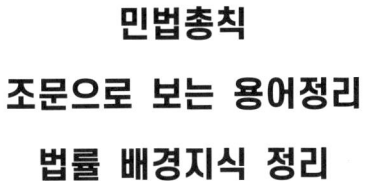

민법총칙

조문으로 보는 용어정리

법률 배경지식 정리

조문 읽는 방법

제10조 (계약갱신 요구 등) ① 임대인은 임차인이 임대차기간이 만료되기 6개월 전부터 1개월 전까지 사이에 계약갱신을 요구할 경우 정당한 사유 없이 거절하지 못한다. 다만, 다음 각 호의 어느 하나의 경우에는 그러하지 아니하다.
1. 임차인이 3기의 차임액에 해당하는 금액에 이르도록 차임을 연체한 사실이 있는 경우
2. 임차인이 거짓이나 그 밖의 부정한 방법으로 임차한 경우
3. 서로 합의하여 임대인이 임차인에게 상당한 보상을 제공한 경우
4. 임차인이 임대인의 동의 없이 목적 건물의 전부 또는 일부를 전대한 경우
5. 임차인이 임차한 건물의 전부 또는 일부를 고의나 중대한 과실로 파손한 경우
6. 임차한 건물의 전부 또는 일부가 멸실되어 임대차의 목적을 달성하지 못할 경우
7. 임대인이 다음 각 목의 어느 하나에 해당하는 사유로 목적 건물의 전부 또는 대부분을 철거하거나 재건축하기 위하여 목적 건물의 점유를 회복할 필요가 있는 경우
  가. 임대차계약 체결 당시 공사시기 및 소요기간 등을 포함한 철거 또는 재건축 계획을 임차인에게 구체적으로 고지하고 그 계획에 따르는 경우
  나. 건물이 노후·훼손 또는 일부 멸실되는 등 안전사고의 우려가 있는 경우
  다. 다른 법령에 따라 철거 또는 재건축이 이루어지는 경우

ⓐ 제10조 : 제10조라고 읽는다.
ⓑ 제10조 ① : 제10조 제1항이라 읽는다.
ⓒ 제10조 ① 7. : 제10조 제1항 제7호라고 읽는다.
ⓓ 제10조 ① 7. 나. : 제10조 제1항 제7호 나목이라고 읽는다.

극단적 개인주의

> **논점 정리** A의 신용카드를 B가 과자를 사먹는데 사용하였다.

ⓐ A와 B가 남인 경우 : B의 행위는 처벌 받는다.

ⓑ A가 B의 남자친구인 경우 : B의 행위는 처벌 받는다.

ⓒ A가 B의 남편인 경우 : B의 행위는 처벌 받지 않는다. 부부간에는 일상의 가사에 관하여 서로 대리권이 있기(제827조 제1항) 때문에 B는 A의 신용카드로 과자를 사먹을 권한이 있다.

> **논점 정리** A의 신용카드를 B가 도박자금을 변제하는데 사용하였다.

ⓓ A가 B의 남편인 경우 : B의 행위는 처벌 받는다. 부부간에는 일상의 가사에 관하여 서로 대리권이 있지만(제827조 제1항) 일상가사를 벗어난 부분에서는 대리권이 없기 때문에 B는 A의 신용카드로 도박자금을 변제할 권한이 없다.

> **논점 정리** 부부간의 증여세 부과를 어떻게 이해할까?

ⓔ 10년간 최대 6억원까지는 증여세가 면제 : 부부 사이는 남이라서 남편이 아내에게, 아내가 남편에게 재산을 증여하면 증여세를 내야 한다. 하지만 부부간의 일상가사 대리권이(제827조 제1항) 민법에 인정되기 때문에 생활비를 증여하는 경우에는 증여세를 내지 않아도 된다. 세법은 이러한 일상가사대리권을 10년 기준으로 6억원 즉 1년에 6천만원으로 한정하고 있다. 이 이상의 금액을 증여하는 경우에는 일상가사대리권을 벗어난다고 보아 증여세를 부과하고 있는 것이다.

등기

> **논점 정리** **물권의 대세효**

ⓐ 등기와 점유의 가능 : 등기는 누구나 열람할 수 있으므로 누구에게나 자신이 등기부상의 물권자임을 주장할 수 있고, 유치권과 질권의 경우에는 유치권자와 질권자가 등기를 하지 않지만 물건을 점유를 함으로써 누구에게나 자신이 물권자임을 주장할 수 있다. 세상에 있는 모든 사람에 대해서 자신이 물권자임을 주장할 수 있는 효력이 생기는 것을 물권의 특성 중에 '대세효'라고 한다.

> **논점 정리** **등기의 원칙적·일반적 효력 - 대항요건**

ⓑ 원칙 : 등기는 누구나 열람할 수 있으므로 누구에게나 자신이 등기부상의 물권자임을 주장할 수 있다. 이러한 등기의 특성상 원칙적으로·일반적으로 대항요건의 성격을 가진다.

> **논점 정리** **등기의 예외적인 효력 - 성립요건, 효력요건**

ⓒ 성립요건, 효력요건 : 성립함과 동시에 그에 따른 효력이 발생하므로 성립요건이나 효력요건은 거의 같은 표현으로 쓰인다.

ⓓ 의의 : 등기는 세금징수의 편의성을 위해서 예외적으로 성립요건의 성격을 가지기도 한다.

ⓔ 법인설립등기 : 법인설립등기는 성립요건이라 설립등기를 함으로써 법인이 성립하고 법인으로서의 효력이 생기게 된다.

ⓕ 부동산에 관한 법률행위로 인한 물권의 득실변경 : 부동산에 관한 법률행위로 인한 물권의 득실변경은 효력발생요건이라 등기를 함으로써 부동산의 물권을 취득하고 물권자로서의 효력이 발생함과 동시에 기존 권리자는 물권을 상실하게 된다.

상속법의 규정

> **제997조 (상속개시의 원인)** 상속은 사망으로 인하여 개시된다.

> **제1000조 (상속의 순위)** ① 상속에 있어서는 다음 순위로 상속인이 된다.
> 1. 피상속인의 직계비속
> 2. 피상속인의 직계존속
> 3. 피상속인의 형제자매
> 4. 피상속인의 4촌 이내의 방계혈족
>
> ② 전항의 경우에 동순위의 상속인이 수인인 때에는 최근친을 선순위로 하고 동친등의 상속인이 수인인 때에는 공동상속인이 된다.
> ③ 태아는 상속순위에 관하여는 이미 출생한 것으로 본다.

(용어) **직계비속** : 수직계열 중에 아래에 속하는 사람을 말한다. 자식, 손주, 외손주 모두 직계비속이다.

(용어) **직계존속** : 수직계열 중에 위에 속하는 사람을 말한다. 아버지, 어머니, 할아버지, 할머니, 외할아버지, 외할머니 모두 직계존속이다.

(용어) **방계혈족** : 같은 조상으로부터 곁으로 뻗어나간 계열 중에 같은 피가 속하는 족속을 말한다. 큰아버지, 삼촌, 고모, 외삼촌, 고모, 사촌, 외사촌 모두 방계혈족이다.

> **제1003조 (배우자의 상속순위)** ① 피상속인의 배우자는 제1000조제1항제1호와 제2호의 규정에 의한 상속인이 있는 경우에는 그 상속인과 동순위로 공동상속인이 되고 그 상속인이 없는 때에는 단독상속인이 된다.

상속의 관계

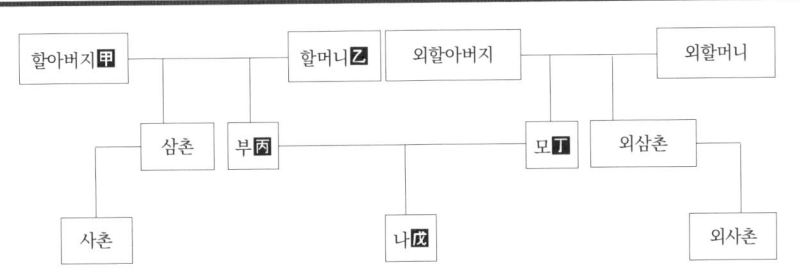

> **논점 정리** 丙사망 후 → 戊사망시 상속관계

ⓐ 丙사망 : 직계비속戊와 배우자丁의 공동상속이 된다.
ⓑ 戊사망 : 1순위 상속인인 직계비속이 없고, 2순위 상속인인 직계존속丁과 甲·乙이 있다. 2순위 상속인이 수인이 있는 경우에 1촌인 丁이 2촌인 甲·乙보다 선순위가 된다.
ⓒ 결론 : 상속인은 丁이다.

> **논점 정리** 戊사망 후 → 丙사망시 상속관계

ⓓ 戊사망 : 1순위 상속인인 직계비속이 없고, 2순위 상속인인 직계존속 丙·丁과 甲·乙이 있다. 2순위 상속인이 수인이 있는 경우에 1촌인 丙·丁이 2촌인 甲·乙보다 선순위가 된다.
ⓔ 丙사망 : 1순위 상속인인 직계비속이 없고, 2순위 상속인인 직계존속 甲·乙만 있다. 丁은 甲·乙과 공동상속인이 된다.
ⓕ 결론 : 상속인은 甲, 乙, 丁이다.

민법 규정과 판례를 읽기 어려운 이유와 해결방법

논점 정리 부정적인 표현으로 기술된 판례의 문구

ⓐ 예외 아니면 원칙으로 해결하는 판례의 문구 : 등기나 인도 등의 권리를 취득한 제3자가 아니라면 해제시에도 대항할 수 없는 제3자에 해당하지 아니한다.

ⓑ 원칙 : 등기나 인도 등의 권리를 취득한 제3자는 해제시에도 대항할 수 없는 제3자에 해당한다.

ⓒ 예외 : 등기나 인도 등의 권리를 취득하지 못한 제3자는 해제시에도 대항할 수 있는 제3자이다.

논점 정리 부정적인 표현으로 기술된 민법의 문구

ⓓ 예외 아니면 원칙으로 해결하는 민법의 문구 : 임의대리인은 본인의 승낙이 있거나 부득이한 사유가 있는 때가 아니면 복대리인을 선임하지 못한다.

ⓔ 원칙 : 임의대리인은 복대리인을 선임하지 못한다.

ⓕ 예외 : 임의대리인은 본인의 승낙이나 부득이한 사유가 있는 때에 복대리인을 선임할 수 있다.

민법총칙

조문으로 보는 용어정리

법률용어 정리

이행, 변제, 급여, 급부

> **논점 정리** '과정'에 중점을 두어서 표시

- ◆ 이행 : 채무자가 채무를 소멸시키는 '과정'에 중점을 두어서 표시하는 단어이다. 금전, 물건에 상관없이 일반적으로 사용된다.
- ◆ 이행기 : 채무자가 채무 이행을 하기로 정한 기한이 도래한 날을 표시하는 단어이다.
- ◆ 이행지 : 채무자가 채무 이행을 하기로 정한 장소를 표시하는 단어이다.
- ◆ 이행의 제공 : 채무의 이행을 바치는 것을 표시하는 단어이다.
- ◆ 이행의 청구 : 채무자가 채무의 이행을 하도록 청구하는 것을 표시하는 단어이다.

> **논점 정리** '결과'에 중점을 두어서 표시

- ◆ 변제 : 채무자나 제3자가 채무를 소멸시킨 '결과'에 중점을 두어서 표시하는 단어이다.
- ◆ 변제자 : 변제를 하는 자를 표시하는 단어이다. 채무자나 제3자가 변제자가 된다.
- ◆ 변제기 : 채무를 변제하기로 정한 기한을 표시하는 단어이다.
- ◆ 변제장소 : 채무를 변제하기로 정한 장소를 표시하는 단어이다.
- ◆ 변제자력 : 채무를 변제할 자산의 능력을 표시하는 단어이다.
- ◆ 변제제공 : 채무의 변제를 바치는 것을 표시하는 단어이다.
- ◆ 변제를 청구 : 채무자나 제3자가 채무를 소멸시키도록 청구하는 것을 표시하는 단어이다.

> **논점 정리** 민법전에 없는 이행에 다른 표현

- ◆ 급부 : 민법전에 없는 단어로 교수님 교재에서 '이행'을 대신해서 표시하는 단어이다.

> **논점 정리** 채무에 따른 이행이 아닌 경우 표시

- ◆ 급여1 : 채무에 따른 이행이 아닐 경우에 표시하는 단어이다.
- ◆ 급여2 : 양을 정해서 이행할 때 표시하는 단어이다.

이전, 교부, 지급, 인도, 양도, 양수, 인수

> **논점 정리** 현상을 표시
>
> ◆ 이전1 : 권리가 상대방에게 넘어가는 현상을 표시하는 단어이다.
> ◆ 이전2 : 장소나 주소를 다른 곳으로 옮기는 것을 표시하는 단어이다.
> ◆ 교부 : 증서가 상대방에게 넘어가는 현상을 표시하는 단어이다.
> ◆ 지급 : 금전이 상대방에게 넘어가는 현상을 표시하는 단어이다.
> ◆ 인도 : 물건이 상대방에게 넘어가는 현상을 표시하는 단어이다.
>
> **논점 정리** 넘기는 것을 표시
>
> ◆ 양도 : 상대방에게 넘기는 것을 표시하는 단어이다.
>
> **논점 정리** 받는 것을 표시
>
> ◆ 양수 : 상대방이 받는 것을 표시하는 단어이다.
> ◆ 인수 : 상대방이 받는 것이 채무일 때 표시하는 단어이다.

철회, 거절

> **논점 정리** 계약
>
> ◆ 철회1 : '계약'에서 자신이 한 의사표시를 거두어 들여서 없던 것으로 되돌리려는 것을 표시하는 단어이다.
>
> **논점 정리** 단독행위
>
> ◆ 철회2 : '상대방 있는 단독행위'에서 자신이 한 의사표시를 거두어 들여서 없던 것으로 되돌리려는 것을 표시하는 단어이다.
> ◆ 거절 : '상대방 있는 단독행위'에서 의사표시를 하지 않은 상대방이 의사표시 한 자의 의사를 받아들이지 않고 끊어버리는 것을 표시하는 단어이다.

취소

> **논점 정리** **일반적 취소**
>
> ◆ 취소1 : 일단 유효한 행위를 하자가 있음을 이유로 소급해서 그 효력을 상실시키는 것을 표시하는 단어이다. 민법은 제한능력의 취소, 착오취소, 사기취소, 강박취소의 4가지 사유만을 인정하고 있다.
> ◆ 취소권 : 취소 1에서 일단 유효한 행위를 하자가 있음을 이유로 소급해서 그 효력을 상실시키는 권리를 표시하는 단어이다.
> ◆ 취소권자 : 취소 1에서 취소할 수 있는 권한이 있는 자를 표시하는 단어이다.
>
> **논점 정리** **국가기관의 취소**
>
> ◆ 취소2 : 국가기관의 취소를 표시하는 단어이다.

상실, 소멸, 멸실, 포기, 훼손, 훼멸

> ◆ 상실 : '권리'나 '능력'을 잃어버린 것을 표시하는 단어이다.
> ◆ 소멸 : '권리'나 '원인'이 없어진 것을 표시하는 단어이다.
> ◆ 포기 : 권리나 자격을 쓰지 않기로 하는 것을 표시하는 단어이다.
> ◆ 멸실 : '물건'이 멸망해서 사라진 것을 표시하는 단어이다.
> ◆ 훼손 : '물건'이 헐거나 깨져서 못쓰게 되는 것을 표시하는 단어이다.
> ◆ 훼멸 : '물건'이 훼손되거나 멸실하는 것을 표시하는 단어이다.

손상, 감소

> ◆ 손상 : '물건'이 깨지거나 상함을 표시하는 단어이다.
> ◆ 감소 : '물건'의 양이나 '가치'의 액수가 줄어드는 것을 표시하는 단어이다.

항변, 대항

- 항변 : 청구권의 행사에 대하여 대항하여 변론하는 것을 표시하는 단어이다.
- 대항 : 어디에 대하여 주장하는 것을 표시하는 단어이다.

보상, 배상

- 보상 : 적법행위에 대한 대가를 주는 것을 표시하는 단어이다.
- 배상 : 위법행위에 대한 대가를 주는 것을 표시하는 단어이다.

보존, 보전

- 보존 : '물건'을 보호하여 원래 상태를 유지하는 것을 표시하는 단어이다.
- 보전 : '권리'를 보호하여 유지하는 것을 표시하는 단어이다.

고의, 과실

[논점 정리] 고의나 과실

- 고의 : 일정한 결과의 발생을 인식하면서 하는 의도적 행위를 표시하는 단어이다.
- 과실1 또는 알 수 있었을 때 : 주의의무를 다하지 못하여 일정한 결과의 발생을 인식하지 못해서 결과를 피할 수 없게 되는 행위, 즉 실수에 따른 행위를 표시하는 단어이다. 따라서 알 수 있었을 때라는 것도 주의의무를 다하지 못해서 알 수 있었으나 알지 못하게 된 경우로 과실의 다른 표현이다. '過失'라고 표시한다.
- 중대한 과실 : 현저하게 주의의무를 다하지 못하여 일정한 결과의 발생을 인식하지 못해서 결과를 피할 수 없게 되는 행위, 즉 큰 실수에 따른 행위를 표시하는 단어이다.

[논점 정리] 과실

- 과실2 : 원물로부터 생기는 수익물을 말한다. '果實'라고 표시한다.

동의, 추인

- 동의 : 일을 하기 전에 찬성함을 표시하는 단어이다.
- 추인1 : 이미 한 일에 대해서 찬성함을 표시하는 단어이다. 유동적 유효의 추인이 있다. 이 추인은 소급하지 않는다.
- 추인2 : 이미 한 일에 대해서 찬성함을 표시하는 단어이다. 유동적 무효의 추인이 있다. 이 추인은 소급한다.
- 추인3 : 이미 한 일에 대해서 찬성함을 표시하는 단어이다. 확정적 무효의 추인이 있다. 이 추인은 소급하지 않는다.

담보관련 용어정리

- 담보 : 물건으로 채무를 떠맡는 것을 표시하는 단어이다. 민법은 담보라는 단어를 경우에 따라 '담보물'이나 '담보물권'을 표시하는 단어로 대신 사용하고 있다.
- 피담보채권 : 담보가 있기 위해 전제가 되는 채권을 표시하는 단어이다. '담보한 채권·담보된 채권'이라고도 한다.
- 담보물 : 채무를 떠맡은 물건을 표시하는 단어이다.
- 담보제공 : 담보물이나 담보물권을 바치는 것을 표시하는 단어이다.
- 담보물권 또는 담보에 관한 권리 : 담보물에 대하여 채권자가 가지는 물권을 표시하는 단어이다. (담보물권으로서는 유치권, 질권, 저당권, 근저당권, 가등기 담보권, 양도담보권이 있다.)
- 담보물권자 : 담보물에 대하여 채권자가 가지는 물권자의 지위를 표시하는 단어이다. (담보물권자로는 유치권자, 질권자, 저당권자, 근저당권자, 가등기 담보권자, 양도담보권자가 있다.)

불능

- ◆ 원시적 불능 : 체결된 계약의 내용이 계약체결 전부터 불능상태인 경우를 표시하는 단어이다.
- ◆ 후발적 불능 : 체결된 계약의 내용이 계약체결 후부터 불능상태인 경우를 표시하는 단어이다.

허가, 허락, 승인, 승낙

- ◆ 허락 : 바라는 것을 들어줄지 여부를 결정하는 것을 표시하는 단어이다.
- ◆ 허가 : 바라는 것을 들어줄지 여부를 국가기관이 결정하는 것을 표시하는 단어이다.
- ◆ 승인 : 일정한 사실을 스스로 인정하는 것을 표시하는 단어이다.
- ◆ 승낙 : 기존의 행위에 대해서 인정해 주는 것을 표시하는 단어이다.

통지, 통고, 공고

- ◆ 통지 : 어떤 사실을 개별적으로 알리는 것을 표시하는 단어이다.
- ◆ 통고 : 무엇인가 일어나길 바라면서 어떤 사실을 개별적으로 알리는 것을 표시하는 단어이다. 즉 무엇인가 일어나길 바라면서 통지하는 것을 말한다.
- ◆ 공고 : 어떤 사실을 대중들에게 공개적인 방법으로 알리는 것을 표시하는 단어이다.

조건

- ◆ 조건1 : 어떤 사물이 성립되기 위하여 갖추어야 하는 요소를 표시하는 단어이다.
- ◆ 조건2 : 법률행위의 부관으로서 법률행위의 발생·소멸을 장래에 발생할 것이 불확실한 사실에 의존하게 하는 것을 표시하는 단어이다.

보수

- ◆ 보수1 : 행위에 따른 보답을 표시하는 단어이다. '報酬'라고 표시한다.
- ◆ 보수2 : 보충해서 수선하는 것을 표시하는 단어이다. '補修'라고 표시한다.

부작위

- ◆ 부작위1 : 어떤 행위나 행동을 하지 않는 것을 말한다.
- ◆ 부작위2 : 부작위에 의한 의사표시로 침묵을 함으로써 자신의 의사를 외부로 표시하지 않는 것을 말한다.

제1장 통칙

> **제1조 (법원)** <u>민사에 관하여</u> 법률에 규정이 없으면 <u>관습법</u>에 의하고 관습법이 없으면 <u>조리</u>에 의한다.

(용어) 법원(法源) : 법의 연원은 분쟁해결의 기준을 제시하고자 하는 것이다.

(용어) 민사에 관하여 : 민사사건에 관한 것을 말한다.

(용어) 관습법 : 어떠한 관행이 확신에 의해 법적 규범이라고 승인된 것을 말한다.

(용어) 조리 : 다스려 나가는 도리를 말한다.

> **논점 정리** 법원의 구분
> ⓐ 법원(法源) : 법의 연원은 분쟁해결의 기준을 제시하고자 하는 것이다. 민법 제1조의 법원이 이에 속한다.
> ⓑ 법원(法院) : 사법권을 행사하는 국가기관을 말한다. 지방법원, 고등법원, 대법원, 가정법원, 행정법원 등이 이에 속한다.

> **제2조 (신의성실)** ① 권리의 행사와 의무의 <u>이행</u>은 신의에 좇아 성실히 하여야 한다.
> ② 권리는 <u>남용</u>하지 못한다.

(용어) 신의 : 신뢰와 의리를 말한다.

(용어) 신의성실 : 신뢰와 의리에 따라 성실해야 하는 것을 말한다.

(용어) 이행 : 채무자가 채무를 소멸시키는 '과정'에 중점을 두어서 표시하는 단어이다. 금전, 물건에 상관없이 일반적으로 사용된다.

(용어) 남용 : 정해진 범위를 벗어나 넘치게 사용하는 것을 말한다.

제2장 인

제1절 능력

> **제3조 (권리능력의 존속기간)** 사람은 생존한 동안 권리와 의무의 주체가 된다.

- (용어) 권리능력 : 권리와 의무를 가질 수 있는 능력을 말한다.
- (용어) 존속기간 : 계속해서 존재하는 기간을 말한다.
- (용어) 권리능력의 존속기간 : 권리와 의무를 가질 수 있는 능력이 있는 기간을 말한다.
- (용어) 생존한 동안 : 출생부터 사망까지를 말한다.

> **제4조 (성년)** 사람은 19세로 성년에 이르게 된다.

- (용어) 19세 : 만 19세를 말한다.

> **제5조 (미성년자의 능력)** ① 미성년자가 법률행위를 함에는 법정대리인의 동의를 얻어야 한다. 그러나 권리만을 얻거나 의무만을 면하는 행위는 그러하지 아니하다.
> ② 전항의 규정에 위반한 행위는 취소할 수 있다.

- (용어) 미성년자 : 성년에 이르지 아니한 자로 만 19세 미만인 자를 말한다.
- (용어) 법률행위 : 하나 또는 수개의 의사표시를 요소로 하여 법률효과가 발생하는 것을 말한다. 법률행위를 줄여서 주로 '행위'라고 말한다. (甲이 물건을 판매하기 위해 乙과 매매계약을 체결한 경우가 이에 속한다.)
- (용어) 대리인 : 법률행위 즉 의사표시를 대신해 주는 자를 말한다.
- (용어) 법정대리인 : 법률의 규정에 의하여 선임된 대리인을 표시하는 단어이다. (미성년자의 가장 대표적인 법정대리인은 친권자이다.)
- (용어) 동의 : 일을 하기 전에 찬성함을 표시하는 단어이다.

- (용어) 면하는 : 면제하는 것을 말한다.
- (용어) 그러하지 아니하다 : 법정대리인의 동의를 얻지 않아도 된다.
- (용어) 전항 : 앞에 있는 항을 말한다. (제5조 제2항의 전항은 제1항을 말한다.)
- (용어) 취소1 : 일단 유효한 행위를 하자가 있음을 이유로 소급해서 그 효력을 상실시키는 것을 표시하는 단어이다. 민법은 제한능력의 취소, 착오취소, 사기취소, 강박취소의 4가지 사유만을 인정하고 있다.

법률행위와 법률규정

> **논점 정리** **법률행위**
> ⓐ 하나 또는 수개의 의사표시를 요소로 하여 법률효과가 발생하는 것을 말한다. 법률행위를 줄여서 주로 '행위'라고 말한다. (甲이 물건을 판매하기 위해 乙과 매매계약을 체결한 경우가 이에 속한다.)
>
> **논점 정리** **법률규정**
> ⓑ 의사표시를 요소로 하지 않고 법률의 규정에 의하여 법률효과가 발생하는 것을 말한다. 법률규정을 줄여서 '법정'이라고 말한다. (甲이 乙의 운전부주의로 교통사고를 당해서 乙에게 손해배상을 청구한 경우가 이에 속한다.)

> **제6조 (처분을 허락한 재산)** 법정대리인이 <u>범위를 정하여 처분을 허락한 재산</u>은 미성년자가 <u>임의로</u> 처분할 수 있다.

- (용어) 허락 : 바라는 것을 들어줄지 여부를 결정하는 것을 표시하는 단어이다.
- (용어) 범위를 정하여 처분을 허락한 재산 : 용돈을 말한다.
- (용어) 임의로 : 자발적인 의사로 하는 것을 말한다.

제7조 (동의와 허락의 취소) 법정대리인은 미성년자가 아직 법률행위를 하기 전에는 전2조의 동의와 허락을 <u>취소</u>할 수 있다.

- (용어) 취소 : 여기서 취소의 의미는 철회2의 의미이다. '상대방 있는 단독행위'에서 자신이 한 의사표시를 거두어 들여서 없던 것으로 되돌리려는 것을 표시하는 단어이다.

제8조 (영업의 허락) ① 미성년자가 법정대리인으로부터 허락을 얻은 특정한 <u>영업에 관하여는 성년자와 동일한 행위능력이 있다.</u>
② 법정대리인은 전항의 허락을 <u>취소</u> 또는 제한할 수 있다. 그러나 <u>선의의 제3자에게 대항하지 못한다.</u>

- (용어) 행위능력 : 독자적으로 법률행위를 유효하게 할 수 있는 능력을 말한다.
- (용어) 성년자와 동일한 행위능력이 있다 : 법정대리권은 소멸하여 법정대리인은 존재하지 않는다. 법정대리인의 동의 없이 성년자처럼 직접 법률행위를 하면 된다.
- (용어) 영업에 관하여는 성년자와 동일한 행위능력이 있다 : 영업에 관한 부분에 대해서만 법정대리권은 소멸하여 법정대리인은 존재하지 않는다. 미성년자는 영업에 관한 부분은 법정대리인의 동의 없이 성년자처럼 직접 법률행위를 하면 된다.

> **논점 정리** **미성년자의 행위능력**

- 미성년자가 직접 법률행위를 하는 경우 : 법정대리인의 동의를 얻어서 미성년자가 직접 법률행위를 하여야 한다. 동의를 얻지 않은 법률행위는 취소할 수 있다. (미성년자가 오토바이를 구매할 때에는 법정대리인의 동의를 얻어야 하고 동의 없이 오토바이를 구매했다면 이를 취소할 수 있다.)
- 법정대리인이 대리하여 법률행위를 하는 경우 : 법정대리인이 대리하여 법률행위를 할 수 있다. (법정대리인이 오토바이를 구매해 줄 수 있다.)

> **논점 정리** **성년자의 행위능력**

- 성년자가 직접 법률행위를 하는 경우 : 성년자가 되면 법정대리권은 소멸하여 법정대리인은 존재하지 않는다. 법정대리인의 동의 없이 성년자가 독자적으로 직접 법률행위를 하면 된다.
- 법정대리인이 대리하여 법률행위를 하는 경우 : 성년자가 되면 법정대리권은 소멸하여 법정대리인은 존재하지 않는다. 다만 성년자의 임의대리인이 되어 대리행위를 할 수는 있을 것이다.

(용어) 취소 : 여기서 취소의 의미는 철회2의 의미이다. '상대방 있는 단독행위'에서 자신이 한 의사표시를 거두어 들여서 없던 것으로 되돌리려는 것을 표시하는 단어이다.

(용어) 선의 : 어떤 사정을 알지 못하는 것을 말한다.

(용어) 제3자 : 당사자 이외의 자들을 표시하는 단어이다.

(용어) 대항 : 어디에 대하여 주장하는 것을 표시하는 단어이다.

(용어) 선의의 제3자에게 대항하지 못한다 : 어떤 사정을 몰랐던 제3자에 대하여 주장하지 못하는 것을 말한다.

> 제9조 (성년후견개시의 심판) ① 가정법원은 질병, 장애, 노령, 그 밖의 사유로 인한 정신적 제약으로 사무를 처리할 능력이 지속적으로 결여된 사람에 대하여 본인, 배우자, 4촌 이내의 친족, 미성년후견인, 미성년후견감독인, 한정후견인, 한정후견감독인, 특정후견인, 특정후견감독인, 검사 또는 지방자치단체의 장의 청구에 의하여 성년후견개시의 심판을 한다.
> ② 가정법원은 성년후견개시의 심판을 할 때 본인의 의사를 고려하여야 한다.

(용어) 법원(法院) : 사법권을 행사하는 국가기관을 말한다. 지방법원, 고등법원, 대법원, 가정법원, 행정법원 등이 이에 속한다.

(용어) 가정법원 : 가정에 관한 사건을 처리할 목적으로 설치된 법원을 말한다.

(용어) 장애 : 신체기관이나 정신능력에 결함이 있어서 제 기능을 하지 못하는 것을 말한다.

(용어) 노령 : 나이가 들어 늙은 것을 말한다.

(용어) 지속적으로 결여 : 오래 계속적으로 모자란 상태를 말한다.

(용어) 본인 : 대리인이 다른 누군가를 위한 법률행위를 하는 경우에 그 법률행위의 '누구'에 해당하는 자가 본인이다.

(용어) 배우자 : 부부의 한 쪽에서 본 다른 쪽을 말한다.

(용어) 4촌 이내의 친족

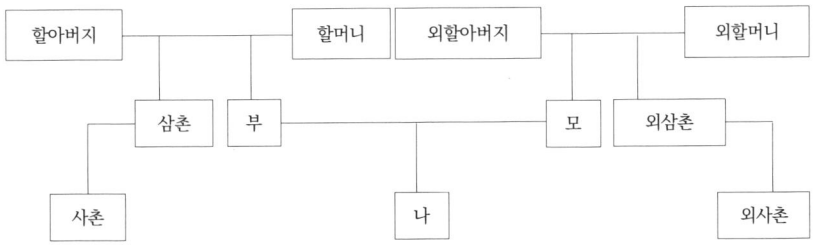

(용어) 미성년후견인 : 미성년자를 뒤에서 돌봐주는 사람을 말한다.

(용어) 미성년후견감독인 : 미성년자를 뒤에서 돌봐주는 사람을 감독하는 자를 말한다.

(용어) 한정후견인 : 피한정후견인을 뒤에서 돌봐주는 사람을 말한다.

(용어) 한정후견인감독인 : 피한정후견인을 뒤에서 돌봐주는 사람을 감독하는 자를 말한다.

(용어) 특정후견인 : 피특정후견인을 뒤에서 돌봐주는 사람을 말한다.

(용어) 특정후견인감독인 : 피특정후견인을 뒤에서 돌봐주는 사람을 감독하는 자를 말한다.

(용어) 심판 : 법원에서 심리하여 판단하는 것을 말한다.

(용어) 성년후견개시의 심판 : 성년후견인의 도움이 필요한 피성년후견인이 시작되었음을 법원에서 심리하여 판단하는 것을 말한다.

(용어) 본인의 의사를 고려하여야 한다 : 정신적인 문제가 없었던 상태에서의 의사를 살피는 것을 말한다.

제10조 (피성년후견인의 행위와 취소) ① <u>피성년후견인의 법률행위는 취소할 수 있다.</u>
② 제1항에도 불구하고 가정법원은 취소할 수 없는 피성년후견인의 법률행위의 범위를 정할 수 있다.
③ 가정법원은 본인, 배우자, 4촌 이내의 친족, <u>성년후견인</u>, <u>성년후견감독인</u>, 검사 또는 지방자치단체의 장의 청구에 의하여 제2항의 범위를 <u>변경</u>할 수 있다.
④ 제1항에도 불구하고 일용품의 구입 등 일상생활에 필요하고 그 대가가 과도하지 아니한 법률행위는 성년후견인이 취소할 수 없다.

(용어) 취소1 : 일단 유효한 행위를 하자가 있음을 이유로 소급해서 그 효력을 상실시키는 것을 표시하는 단어이다. 민법은 제한능력의 취소, 착오취소, 사기취소, 강박취소의 4가지 사유만을 인정하고 있다.

(용어) 피성년후견인 : 성년후견인의 돌봄이 필요한 사람을 말한다.

(용어) 성년후견인 : 피성년후견인을 뒤에서 돌봐주는 사람을 말한다.

(용어) 성년후견인감독인 : 피성년후견인을 뒤에서 돌봐주는 사람을 감독하는 자를 말한다.

(용어) 변경 : 고쳐서 바꾸는 것을 말한다.

> **논점 정리** **한자식 표현**
>
> ⓐ 결과적인 부분에 중점을 두어서 표현한다 : 어떤 결과가 발생했다면 그에 중점을 두어 표현하고, 그러한 결과가 발생하게 된 과정상의 앞선, 즉 전제된 부분을 표현할 때에는 '피'라는 단어를 붙이게 된다. 따라서 '피'는 우리나라 표현으로 '전제'라는 뜻으로 해석하는 것이 이해하기에 편하다.
> ⓑ 돌아가신 분과 상속받은 사람 : 상속받았다는 결과에 중점을 두어 상속인이라는 표현을 쓴다. 그리고 그 과정의 전제 즉 상속을 받기 위해서는 돌아가신 분이 필요한 데 이 분에게는 '피'라는 단어를 붙여서 피상속인이라고 부른다.
> ⓒ 피성년후견인 : 돌봐주는 사람인 성년후견인에 중점을 두고 그 돌봄이 필요한 사람은 피성년후견인이라고 부른다.
>
> **논점 정리** **한글식 표현**
>
> ⓓ 과정에 중점을 두어서 표현한다 : 일의 진행과정의 순서대로 용어를 붙이게 된다.
> ⓔ 미성년자후견인 : 미성년자가 있는데 그 미성년자를 돌봐줄 법정대리인인 부모님이 없는 경우에 돌봐줄 사람을 선임해야 하는데 이 사람을 미성년자후견인이라고 부른다.

제11조 (성년후견종료의 심판) 성년후견개시의 원인이 소멸된 경우에는 가정법원은 본인, 배우자, 4촌 이내의 친족, 성년후견인, 성년후견감독인, 검사 또는 지방자치단체의 장의 청구에 의하여 성년후견종료의 심판을 한다.

- (용어) 성년후견개시의 원인 : 질병, 장애, 노령, 그 밖의 사유로 인한 정신적 제약으로 사무를 처리할 능력이 지속적으로 결여된 원인을 말한다.
- (용어) 소멸 : '권리'나 '원인'이 없어진 것을 표시하는 단어이다.
- (용어) 성년후견개시의 원인이 소멸 : 질병, 장애, 노령, 그 밖의 사유로 인한 정신적 제약으로 사무를 처리할 능력이 지속적으로 결여된 원인이 없어진 것을 말한다.

제12조 (한정후견개시의 심판) ① 가정법원은 질병, 장애, 노령, 그 밖의 사유로 인한 정신적 제약으로 사무를 처리할 능력이 부족한 사람에 대하여 본인, 배우자, 4촌 이내의 친족, 미성년후견인, 미성년후견감독인, 성년후견인, 성년후견감독인, 특정후견인, 특정후견감독인, 검사 또는 지방자치단체의 장의 청구에 의하여 한정후견개시의 심판을 한다.
② 한정후견개시의 경우에 제9조 제2항을 준용한다.

- (용어) 부족한 : 미치지 못하고 모자라는 상태를 말한다.
- (용어) 한정후견개시의 심판 : 한정후견인의 도움이 필요한 피한정후견인이 시작되었음을 법원에서 심리하여 판단하는 것을 말한다.
- (용어) 준용 : 그에 맞추어 적용하는 것을 말한다.
- (용어) 한정후견개시의 경우에 제9조 제2항을 준용한다 : 한정후견개시의 경우에 성년후견개시의 규정을 준용한다. (이미 규정된 '성년후견개시의 심판을 할 때 본인의 의사를 고려하여야 한다.'를 '한정후견개시의 심판을 할 때 본인의 의사를 고려하여야 한다.'로 맞추어 적용하면 된다.)

제13조 (피한정후견인의 행위와 동의) ① 가정법원은 피한정후견인이 한정후견인의 동의를 받아야 하는 행위의 범위를 정할 수 있다.
② 가정법원은 본인, 배우자, 4촌 이내의 친족, 한정후견인, 한정후견감독인, 검사 또는 지방자치단체의 장의 청구에 의하여 제1항에 따른 한정후견인의 동의를 받아야만 할 수 있는 행위의 범위를 변경할 수 있다.
③ 한정후견인의 동의를 필요로 하는 행위에 대하여 한정후견인이 피한정후견인의 이익이 침해될 염려가 있음에도 그 동의를 하지 아니하는 때에는 가정법원은 피한정후견인의 청구에 의하여 한정후견인의 동의를 갈음하는 허가를 할 수 있다.
④ 한정후견인의 동의가 필요한 법률행위를 피한정후견인이 한정후견인의 동의 없이 하였을 때에는 그 법률행위를 취소할 수 있다. 다만, 일용품의 구입 등 일상생활에 필요하고 그 대가가 과도하지 아니한 법률행위에 대하여는 그러하지 아니하다.

(용어) 피한정후견인 : 한정후견인의 돌봄이 필요한 사람을 말한다.

(용어) 갈음 : 본래의 것을 대신하는 것을 말한다.

(용어) 허가 : 바라는 것을 들어줄지 여부를 국가기관이 결정하는 것을 표시하는 단어이다.

(용어) 취소1 : 일단 유효한 행위를 하자가 있음을 이유로 소급해서 그 효력을 상실시키는 것을 표시하는 단어이다. 민법은 제한능력의 취소, 착오취소, 사기취소, 강박취소의 4가지 사유만을 인정하고 있다.

제14조 (한정후견종료의 심판) 한정후견개시의 원인이 소멸된 경우에는 가정법원은 본인, 배우자, 4촌 이내의 친족, 한정후견인, 한정후견감독인, 검사 또는 지방자치단체의 장의 청구에 의하여 한정후견종료의 심판을 한다.

(용어) 한정후견개시의 원인이 소멸 : 질병, 장애, 노령, 그 밖의 사유로 인한 정신적 제약으로 사무를 처리할 능력이 부족했던 원인이 없어진 것을 말한다.

제14조의2 (특정후견의 심판) ① 가정법원은 질병, 장애, 노령, 그 밖의 사유로 인한 정신적 제약으로 일시적 후원 또는 특정한 사무에 관한 후원이 필요한 사람에 대하여 본인, 배우자, 4촌 이내의 친족, 미성년후견인, 미성년후견감독인, 검사 또는 지방자치단체의 장의 청구에 의하여 특정후견의 심판을 한다.
② 특정후견은 본인의 의사에 반하여 할 수 없다.
③ 특정후견의 심판을 하는 경우에는 특정후견의 기간 또는 사무의 범위를 정하여야 한다.

(용어) 후원 : 뒤에서 도와주는 것을 말한다.

(용어) 특정후견의 심판 : 특정후견인의 도움이 필요한 피특정후견인임을 법원에서 심리하여 판단하는 것을 말한다. 성년후견, 한정후견의 심판과 달리 '개시'라는 단어가 붙지 않기에 '종료'시 별도의 심판이 필요가 없게 된다.

(용어) 본인의 의사에 반하여 할 수 없다 : 정신적인 문제가 없었던 상태에서의 의사에 반대하는 행위를 할 수 없는 것을 말한다. 본인의 의사에 반해서 할 수 없다는 것은 현재 정신적 문제가 없는 상태임을 나타내고 있다.

제14조의3 (심판 사이의 관계) ① 가정법원이 피한정후견인 또는 피특정후견인에 대하여 성년후견개시의 심판을 할 때에는 종전의 한정후견 또는 특정후견의 종료 심판을 한다.
② 가정법원이 피성년후견인 또는 피특정후견인에 대하여 한정후견개시의 심판을 할 때에는 종전의 성년후견 또는 특정후견의 종료 심판을 한다.

(용어) 피특정후견인 : 특정후견인의 돌봄이 필요한 사람을 말한다.

> 제15조 (제한능력자의 상대방의 확답을 촉구할 권리) ① 제한능력자의 상대방은 제한능력자가 능력자가 된 후에 그에게 1개월 이상의 기간을 정하여 그 취소할 수 있는 행위를 추인할 것인지 여부의 확답을 촉구할 수 있다. 능력자로 된 사람이 그 기간 내에 확답을 발송하지 아니하면 그 행위를 추인한 것으로 본다.
> ② 제한능력자가 아직 능력자가 되지 못한 경우에는 그의 법정대리인에게 제1항의 촉구를 할 수 있고, 법정대리인이 그 정하여진 기간 내에 확답을 발송하지 아니한 경우에는 그 행위를 추인한 것으로 본다.
> ③ 특별한 절차가 필요한 행위는 그 정하여진 기간 내에 그 절차를 밟은 확답을 발송하지 아니하면 취소한 것으로 본다.

- (용어) 상대방 : 계약을 체결한 양쪽 중 한 쪽이 다른 한쪽을 부를 때 표시하는 단어이다.
- (용어) 제한능력자 : 행위능력이 제한된 자를 말한다. 미성년자, 피성년후견인, 피한정후견인이 제한능력자이다.
- (용어) 능력자 : 행위능력자를 말한다.
- (용어) 취소1 : 일단 유효한 행위를 하자가 있음을 이유로 소급해서 그 효력을 상실시키는 것을 표시하는 단어이다. 민법은 제한능력의 취소, 착오취소, 사기취소, 강박취소의 4가지 사유만을 인정하고 있다.
- (용어) 추인1 : 일을 하고 나서 찬성함을 표시하는 단어이다. 유동적 유효의 추인이 있다. 이 추인은 소급하지 않는다.
- (용어) 확답을 촉구 : 추인할 것인지, 취소할 것인지 확실한 답을 달라는 촉구를 말한다.

논점 정리 확답을 발송하지 아니하면

◆ 현 상태를 유지하려고 함 : 기존의 유효였던 계약을 계속 유지하고자 추인한 것으로 본다.

> 제16조 (제한능력자의 상대방의 철회권과 거절권) ① 제한능력자가 맺은 계약은 추인이 있을 때까지 상대방이 그 의사표시를 철회할 수 있다. 다만, 상대방이 계약 당시에 제한능력자임을 알았을 경우에는 그러하지 아니하다.
> ② 제한능력자의 단독행위는 추인이 있을 때까지 상대방이 거절할 수 있다.
> ③ 제1항의 철회나 제2항의 거절의 의사표시는 제한능력자에게도 할 수 있다.

(용어) 추인1 : 이미 한 일에 대해서 찬성함을 표시하는 단어이다. 유동적 유효의 추인이 있다. 이 추인은 소급하지 않는다.

(용어) 철회1 : '계약'에서 자신이 한 의사표시를 거두어 들여서 없던 것으로 되돌리려는 것을 표시하는 단어이다.

(용어) 알았을 경우 : 어떤 사정을 알고 있는 것을 말한다. '악의'라고도 한다.

(용어) 단독행위 : 하나의 의사표시에 의하여 성립하는 법률행위를 말한다.

(용어) 거절 : '상대방 있는 단독행위'에서 의사표시를 하지 않은 상대방이 의사표시한 자의 의사를 받아들이지 않고 끊어버리는 것을 표시하는 단어이다.

> 제17조 (제한능력자의 속임수) ① 제한능력자가 속임수로써 자기를 능력자로 믿게 한 경우에는 그 행위를 취소할 수 없다.
> ② 미성년자나 피한정후견인이 속임수로써 법정대리인의 동의가 있는 것으로 믿게 한 경우에도 제1항과 같다.

(용어) 속임수 : 남을 속이는 것을 말한다. 여기서의 속임수는 유동적 유효인 법률행위를 할 수 밖에 없는 자가 확정적 유효인 법률행위를 하는 것처럼 속이는 것을 말한다. 즉 취소권을 가지게 되는 자가 취소권을 가지지 못하는 것처럼 속이는 것을 말한다. (미성년자가 법정대리인 없이 계약을 체결하여 취소권을 가지고 있지만, 자신을 성년자로 속여서 취소권이 없는 것처럼 계약을 체결하는 경우가 이에 속한다.)

(용어) 취소1 : 일단 유효한 행위를 하자가 있음을 이유로 소급해서 그 효력을 상실시키는 것을 표시하는 단어이다. 민법은 제한능력의 취소, 착오취소, 사기취소, 강박취소의 4가지 사유만을 인정하고 있다.

(용어) 제1항과 같다 : 그 행위를 취소할 수 없다.

제2절 주소

제18조 (주소) ① 생활의 근거되는 곳을 주소로 한다.
② 주소는 동시에 두 곳 이상 있을 수 있다.

(용어) 근거 : 근본이 되는 거주지를 말한다.

(용어) 주소 : 거주하는 일정한 장소를 말한다.

제19조 (거소) 주소를 알 수 없으면 거소를 주소로 본다.

(용어) 거소 : 일시적으로 거처하는 장소를 말한다.

제20조 (거소) 국내에 주소 없는 자에 대하여는 국내에 있는 거소를 주소로 본다.

제21조 (가주소) 어느 행위에 있어서 가주소를 정한 때에는 그 행위에 관하여는 이를 주소로 본다.

(용어) 가주소 : 임시 주소를 말한다.

(용어) 어느 행위에 있어서 가주소를 정한 때 : 어느 행위에 있어서의 임시 주소를 정한 것을 말한다. (부산과 서울의 회사가 거래를 하다가 법적 분쟁이 생길 경우에는 주소지를 충주로 정한 경우에 충주가 가주소가 된다.)

제3절 부재와 실종

> **제22조 (부재자의 재산의 관리)** ① 종래의 주소나 거소를 떠난 자가 <u>재산관리인</u>을 정하지 아니한 때에는 법원은 <u>이해관계인</u>이나 검사의 청구에 의하여 재산관리에 관하여 필요한 처분을 명하여야 한다. 본인의 <u>부재 중</u> 재산관리인의 권한이 소멸한 때에도 같다.
> ② 본인이 그 후에 재산관리인을 정한 때에는 법원은 본인, 재산관리인, 이해관계인 또는 검사의 청구에 의하여 <u>전항의 명령</u>을 <u>취소</u>하여야 한다.

- (용어) 관리 : 남의 일을 맡아서 다스리는 것을 말한다.
- (용어) 재산관리인 : 남의 재산을 맡아서 다스리는 자를 말한다.
- (용어) 이해관계인 : 법률상 이해관계를 가지는 자를 말한다.
- (용어) 부재 중 : 종래 주소나 거소를 떠나서 현재 있지 아니한 상태를 말한다.
- (용어) 전항의 명령 : 재산관리에 관하여 필요한 처분의 명령
- (용어) 취소2 : 국가기관의 취소를 표시하는 단어이다.

> **제23조 (관리인의 개임)** 부재자가 재산관리인을 정한 경우에 <u>부재자의 생사가 분명하지 아니한</u> 때에는 법원은 재산관리인, 이해관계인 또는 검사의 청구에 의하여 재산관리인을 <u>개임할 수 있다</u>.

- (용어) 부재자 : 종래 주소나 거소를 떠나서 현재 있지 아니한 자로 그의 재산을 관리하여야 필요성이 있는 자를 말한다.
- (용어) 생사 : 살아 있는지 죽었는지를 말한다.
- (용어) 생사가 분명하지 아니한 때 : 살아 있는지 죽었는지가 확실하지 아니한 것을 말한다.
- (용어) 개임 : 고쳐서 임명하는 것을 말한다.
- (용어) 할 수 있다 : 선택의 여부를 결정할 수 있는 임의적인 것을 말한다.

제24조 (관리인의 직무) ① 법원이 선임한 재산관리인은 관리할 재산목록을 작성하여야 한다.
② 법원은 그 선임한 재산관리인에 대하여 부재자의 재산을 보존하기 위하여 필요한 처분을 명할 수 있다.
③ 부재자의 생사가 분명하지 아니한 경우에 이해관계인이나 검사의 청구가 있는 때에는 법원은 부재자가 정한 재산관리인에게 전2항의 처분을 명할 수 있다.
④ 전3항의 경우에 그 비용은 부재자의 재산으로써 지급한다.

(용어) 하여야 한다 : 선택의 여지가 전혀 없는 강제적인 것을 말한다.
(용어) 보존 : '물건'을 보호하여 원래 상태를 유지하는 것을 표시하는 단어이다.
(용어) 지급 : 금전이 상대방에게 넘어가는 현상을 표시하는 단어이다.

제25조 (관리인의 권한) 법원이 선임한 재산관리인이 제118조에 규정한 권한을 넘는 행위를 함에는 법원의 허가를 얻어야 한다. 부재자의 생사가 분명하지 아니한 경우에 부재자가 정한 재산관리인이 권한을 넘는 행위를 할 때에도 같다.

제26조 (관리인의 담보제공, 보수) ① 법원은 그 선임한 재산관리인으로 하여금 재산의 관리 및 반환에 관하여 상당한 담보를 제공하게 할 수 있다.
② 법원은 그 선임한 재산관리인에 대하여 부재자의 재산으로 상당한 보수를 지급할 수 있다.
③ 전2항의 규정은 부재자의 생사가 분명하지 아니한 경우에 부재자가 정한 재산관리인에 준용한다.

(용어) 담보 : 물건으로 채무를 떠맡는 것을 표시하는 단어이다. 민법은 담보라는 단어를 경우에 따라 '담보물'이나 '담보물권'을 표시하는 단어로 대신 사용하고 있다.

(용어) 담보를 제공 : 담보물이나 담보물권을 바치는 것을 표시하는 단어이다.

(용어) 보수 : 행위에 따른 보답을 표시하는 단어이다. '報酬'라고 표시한다.

제27조 (실종의 선고) ① 부재자의 생사가 5년간 분명하지 아니한 때에는 법원은 이해관계인이나 검사의 청구에 의하여 실종선고를 하여야 한다.
② 전지에 임한 자, 침몰한 선박 중에 있던 자, 추락한 항공기 중에 있던 자 기타 사망의 원인이 될 위난을 당한 자의 생사가 전쟁종지 후 또는 선박의 침몰, 항공기의 추락 기타 위난이 종료한 후 1년간 분명하지 아니한 때에도 제1항과 같다.

(용어) 실종 : 생사 여부를 알 수 없는 것을 말한다.

(용어) 선고 : 판결을 통해서 공표하는 것을 말한다.

(용어) 실종선고 : 생사 여부를 알 수 없다고 판결을 통해서 공표하는 것을 말한다.

(용어) 부재자의 생사가 5년간 분명하지 아니한 때 : 부재자가 살아 있는지 죽어 있는지가 5년간 확실하지 아니한 때를 말한다.

(용어) 전지에 임한 자 : 전쟁터에 참가한 자를 말한다.

(용어) 전쟁종지 후 : 전쟁이 종료되거나 정지된 이후를 말한다.

(용어) 위난 : 위험한 재난을 말한다.

(용어) 위난이 종료 한 후 : 위험한 재난이 끝난 후를 말한다.

(용어) 제1항과 같다 : 실종선고를 하여야 한다.

> **제28조 (실종선고의 효과)** 실종선고를 받은 자는 <u>전조의 기간이 만료한 때</u>에 사망한 것으로 <u>본다</u>.

- (용어) 본다 : 공익 또는 법정책상의 이유로 사실에 부합하는지와 상관없이 일정한 사실을 기정사실로 확정하는 것을 표시하는 단어이다. 그 후 다투는 자가 그 반대 사실의 증거를 제출하더라도 확정된 것이 바뀌지 않는다.
- (용어) 전조의 기간이 만료한 때 : 실종선고의 기간이 만료한 때를 말한다.

> **제29조 (실종선고의 취소)** ① 실종자의 생존한 사실 또는 전조의 규정과 <u>상이한 때</u>에 사망한 사실의 증명이 있으면 법원은 본인, 이해관계인 또는 검사의 청구에 의하여 실종선고를 <u>취소</u>하여야 한다. 그러나 실종선고 후 그 취소 전에 선의로 한 행위의 효력에 영향을 미치지 아니한다.
> ② 실종선고의 취소가 있을 때에 <u>실종의 선고를 직접원인으로 하여 재산을 취득한 자</u>가 선의인 경우에는 그 <u>받은 이익이 현존하는 한도</u>에서 반환할 의무가 있고 악의인 경우에는 그 받은 이익에 이자를 붙여서 반환하고 손해가 있으면 이를 <u>배상</u>하여야 한다.

- (용어) 상이한 때 : 서로 다른 때
- (용어) 취소2 : 국가기관의 취소를 표시하는 단어이다.
- (용어) 실종의 선고를 직접원인으로 재산을 취득한 자 : 법원의 실종선고가 있음으로 인해서 재산을 취득하게 된 자를 말한다. (상속을 받은 상속인이나 보험금을 수령자가 이에 속한다.)
- (용어) 받은 이익이 현존하는 한도 : 현재 존재하고 있는 이익을 말한다. '현존이익' 이라고도 한다. (받은 금액이 1억원인데 쓰고 남은 돈이 2천만원이면 2천만원이 현존이익이다.)
- (용어) 배상 : 위법행위에 대한 대가를 주는 것을 표시하는 단어이다.

제30조 (동시사망) 2인 이상이 동일한 위난으로 사망한 경우에는 <u>동시에 사망한 것으로 추정</u>한다.

(용어) 동시에 사망 : 같은 시간에 사망한 것을 말한다. (같은 시간에 사망한 자 사이에는 상속이 일어나지 않는다.)

(용어) 추정 : 법률적으로 확실하지 않은 사실을 진실한 것으로 추측해서 우선적으로 정하는 것을 표시하는 단어이다. 그 후 다투는 자가 그 반대 사실의 증거를 제출하면 추정은 깨어진다.

논점 정리 · 추정

ⓐ 추정 : 법률적으로 확실하지 않은 사실을 추측해서 우선적으로 정하는 것을 표시하는 단어이다. 추정은 좋은 쪽으로 추정을 하게 된다. 추정은 다투는 자가 반대 사실을 증명하면 추정은 깨어진다. 하지만 반대 사실을 증명하지 못하면 추정은 유지된다.

ⓑ 피의자 무죄 추정 : 범죄를 저지른 것으로 의심되는 사람인 경우 범죄를 저지르지 않은 무죄라고 추정을 해야 한다. 범죄를 저지른 사실을 증명하면 추정은 깨어지고 유죄로 처벌을 받게 되지만, 범죄를 저지를 사실을 증명하지 못하면 무죄의 추정은 유지되어 처벌을 받지 않는다.

논점 정리 · 간주

ⓒ 간주 = 본다 = 의제 : 공익 또는 법정책상의 이유로 사실에 부합하는지와 상관없이 일정한 사실을 기정사실로 확정하는 것을 표시하는 단어이다. 간주는 다투는 자가 반대 사실을 증명하더라도 이미 간주된 것 자체가 바뀌지 않는다.

ⓓ 세금고지서 발송 즉시 도달로 의제 : 세법에는 세금고지서를 발송하는 즉시 도달된 것으로 간주하는 제도가 있다. 이사를 해서 세금고지서를 받지 못했다는 사실을 증명해도 이미 도달한 것으로 간주된 부분이 바뀌지 않기 때문에 미납된 세금에 대해 과태료가 부과된다.

제3장 법인

제1절 총칙

> **제31조 (법인성립의 준칙)** 법인은 법률의 규정에 의함이 아니면 성립하지 못한다.

- (용어) 준칙 : 표준으로 삼아야 할 규칙을 말한다.
- (용어) 법인 : 법률규정으로 인정되는 법인격 즉 설립등기를 갖춘 단체를 말한다.
- (용어) 법률의 규정 : 의사표시를 요소로 하지 않고 법률의 규정에 의하여 법률효과가 발생하는 것을 말한다. 법률규정을 줄여서 '법정'이라고 말한다. (甲이 乙의 운전부주의로 교통사고를 당해서 乙에게 손해배상을 청구한 경우가 이에 속한다.)

> **제32조 (비영리법인의 설립과 허가)** 학술, 종교, 자선, 기예, 사교 기타 영리 아닌 사업을 목적으로 하는 사단 또는 재단은 주무관청의 허가를 얻어 이를 법인으로 할 수 있다.

- (용어) 자선 : 선의를 베푸는 것을 말한다.
- (용어) 기예 : 예술과 관련된 것을 말한다.
- (용어) 영리 : 이익을 추구하는 것만으로 영리라고 보지 않는다. 이익을 구성원들에게 분배해야 영리가 된다.
- (용어) 영리 아닌 사업 : 사업을 통해 이익을 추구하였지만 그 이익을 구성원들에게 분배하지 않는 경우라면 비영리 사업이 된다.
- (용어) 사단 : 사원들이 모여서 이루어진 단체를 말한다.
- (용어) 재단 : 재산으로 이루어진 단체를 말한다.
- (용어) 주무관청의 허가 : 주된 업무를 관할하는 관청의 허가를 말한다. (미르재단은 문화콘텐츠기업 육성·지원을 통한 한류의 해외진출 기반조성을 목적으로 하는 재단으로 문화체육관광부의 허가를 받았다. 문화체육관광부가 주무관청이다.)

제33조 (법인설립의 등기) 법인은 그 주된 사무소의 소재지에서 설립등기를 함으로써 성립한다.

(용어) 주된 사무소 : '주'가 되는 사무소를 말한다. '주사무소, 본점'이라고도 한다.

(용어) 설립등기 : 등기는 대항요건의 성격을 가지는 것이 원칙이지만 세금징수의 편의성을 위해서 예외적으로 성립요건의 성격을 가지는 등기도 있다.

(용어) 법인은 설립등기를 함으로써 성립한다 : 법인설립등기는 성립요건이라 설립등기를 함으로써 법인이 성립한다.

제34조 (법인의 권리능력) 법인은 법률의 규정에 좇아 정관으로 정한 목적의 범위 내에서 권리와 의무의 주체가 된다.

(용어) 정관 : 어떤 항목을 미리 정해놓고 누구든지 이를 따르도록 하는 것을 말한다. 정관은 누구든지 이를 따라야 하기에 규범의 성질을 가지고, 자체적으로 정한 규범이므로 자치규범이라 말한다.

(용어) 정관으로 정한 목적의 범위 내 : 정관에서 정한 목적 범위 내에서만 권리능력이 인정되고, 목적 범위 외에서는 권리능력이 인정되지 않는다.

제35조 (법인의 불법행위능력) ① 법인은 이사 기타 대표자가 그 직무에 관하여 타인에게 가한 손해를 배상할 책임이 있다. 이사 기타 대표자는 이로 인하여 자기의 손해배상책임을 면하지 못한다.
② 법인의 목적범위 외의 행위로 인하여 타인에게 손해를 가한 때에는 그 사항의 의결에 찬성하거나 그 의결을 집행한 사원, 이사 및 기타 대표자가 연대하여 배상하여야 한다.

(용어) 법인의 불법행위능력 : 법인이 불법행위에 따른 손해배상책임을 부담할 수 있는 능력을 말한다. (자연인의 경우에는 책임능력이라고 부른다.)

(용어) 직무 : 그 직책의 업무를 말한다.

(용어) 이사 : 이치에 맞게 일을 처리하는 자를 말한다. 법인의 일을 맡기 때문에 법인의 대표기관이 된다.

(용어) 대표자 : 법인의 행위능력을 대신하는 자를 말한다.

(용어) 사항 : 일의 항목을 말한다.

(용어) 의결 : 의사결정을 말한다.

(용어) 사원 : 사단법인의 구성원을 사원이라고 한다. 사원은 법인에 자금을 투자하는 자를 일컫는 말이다. (회사에 자금을 투자하는 우리가 흔히 투자자라 불리는 자는 '사원'이 된다. 이러한 사원들에게 주식을 나누어 주는 회사를 주식회사라고 부른다. 주식을 받은 사원은 주식의 주인이라는 뜻으로 '주주'라고 부른다. 회사로부터 고용계약에 의하여 월급을 받으며 근무하는 자는 사원이 아니라 피용자라고 불러야 한다.)

(용어) 연대 : 띠로 연결된 것을 말한다.

(용어) 사원, 이사 및 기타 대표자가 연대하여 배상 : 사원, 이사, 기타 대표자가 띠로 연결된 배상을 해야 하는 것을 말한다. 연대된 수인의 자들은 손해배상액 전액을 각각 이행할 의무를 부담하게 된다. (丙에 대해서 사원甲이 500만원, 이사 乙이 400만원 배상책임을 연대로 부담하게 되면 甲과 乙은 최대 900만원을 배상할 책임이 있다.)

> **제36조 (법인의 주소)** 법인의 주소는 그 주된 사무소의 소재지에 있는 것으로 한다.

> **제37조 (법인의 사무의 검사, 감독)** 법인의 사무는 주무관청이 <u>검사</u>, <u>감독</u>한다.

(용어) 검사 : 검토하고 조사함을 말한다.

(용어) 감독 : 감시하고 통솔함을 말한다.

제38조 (법인의 설립허가의 취소) 법인이 목적 이외의 사업을 하거나 설립허가의 조건에 위반하거나 기타 공익을 해하는 행위를 한 때에는 주무관청은 그 허가를 취소할 수 있다.

(용어) 조건1 : 어떤 사물이 성립되기 위하여 갖추어야 하는 요소를 표시하는 단어이다.

(용어) 공익을 해하는 : 공적인 이익을 침해하는 것을 말한다.

(용어) 취소2 : 국가기관의 취소를 표시하는 단어이다.

제39조 (영리법인) ① 영리를 목적으로 하는 사단은 상사회사설립의 조건에 좇아 이를 법인으로 할 수 있다.
② 전항의 사단법인에는 모두 상사회사에 관한 규정을 준용한다.

(용어) 영리법인 : 얻은 이익을 구성원들에게 분배하는 법인격 즉 설립등기를 갖춘 단체를 말한다.

(용어) 조건1 : 어떤 사물이 성립되기 위하여 갖추어야 하는 요소를 표시하는 단어이다.

(용어) 상사회사설립의 조건에 좇아 법인으로 할 수 있다 : 회사법이 적용되어 영리법인을 설립할 수 있다.

(용어) 사단법인 : 사원들이 모여서 이루어진 법인격 즉 설립등기를 갖춘 단체를 말한다.

제2절 설립

> **제40조 (사단법인의 정관)** 사단법인의 설립자는 다음 각호의 사항을 기재한 정관을 작성하여 기명날인하여야 한다.
> 1. 목적
> 2. 명칭
> 3. 사무소의 소재지
> 4. 자산에 관한 규정
> 5. 이사의 임면에 관한 규정
> 6. 사원자격의 득실에 관한 규정
> 7. 존립시기나 해산사유를 정하는 때에는 그 시기 또는 사유

- (용어) 사단법인의 설립자 : 사단법인을 세운 사람을 말한다.
- (용어) 기명날인 : 자신의 이름이 기계나 도장 등에 의하여 기재된 옆에 도장을 찍은 것을 말한다.
- (용어) 자산 : 재산을 말한다.
- (용어) 임면 : 선임과 면직을 말한다.
- (용어) 사원자격 : 사원이 되기 위한 조건을 말한다.
- (용어) 득실 : 얻고 잃음을 말한다.
- (용어) 존립시기 : 세워진 후로 얼마동안 존속할 것인지에 대한 기간을 말한다.
- (용어) 해산 : 영업의 종료를 말한다.
- (용어) 해산사유 : 영업의 종료를 하게 되는 사유를 말한다.

> **제41조 (이사의 대표권에 대한 제한)** 이사의 대표권에 대한 제한은 이를 정관에 기재하지 아니하면 그 효력이 없다.

- (용어) 효력이 없다 : 무효를 말한다.

제42조 (사단법인의 정관의 변경) ① 사단법인의 정관은 <u>총사원 3분의 2 이상의 동의</u>가 있는 때에 한하여 이를 변경할 수 있다. 그러나 <u>정수</u>에 관하여 <u>정관에 다른 규정이 있는 때에는 그 규정에 의한다</u>.
② <u>정관의 변경</u>은 주무관청의 허가를 얻지 아니하면 그 효력이 없다.

- (용어) 총사원 3분의 2이상의 동의 : 사원 전체를 기준으로 2/3이상의 동의가 필요함을 말한다.
- (용어) 정수 : 정해진 숫자를 말한다.
- (용어) 정관에 다른 규정이 있는 때에는 그 규정에 의한다 : 민법 내용과 다른 규정을 정관에 달리 규정하면 정관의 규정을 따라야 한다.
- (용어) 정관의 변경 : 정관을 고쳐서 바꾸는 것을 말한다.

제43조 (재단법인의 정관) <u>재단법인</u>의 설립자는 일정한 재산을 출연하고 제40조제1호 내지 제5호의 사항을 기재한 정관을 작성하여 기명날인하여야 한다.

- (용어) 재단법인 : 재산으로 이루어진 법인격 즉 설립등기를 갖춘 단체를 말한다.

제44조 (재단법인의 <u>정관의 보충</u>) 재단법인의 설립자가 그 명칭, 사무소소재지 또는 이사임면의 방법을 정하지 아니하고 사망한 때에는 이해관계인 또는 검사의 청구에 의하여 법원이 이를 정한다.

- (용어) 보충 : 보태고 채우는 것을 말한다.
- (용어) 정관의 보충 : 비어 있는 정관을 보태고 채우는 것을 말한다.

제45조 (재단법인의 정관변경) ① 재단법인의 정관은 그 변경방법을 정관에 정한 때에 한하여 변경할 수 있다.
② 재단법인의 목적달성 또는 그 재산의 보전을 위하여 적당한 때에는 전항의 규정에 불구하고 명칭 또는 사무소의 소재지를 변경할 수 있다.
③ 제42조제2항의 규정은 전2항의 경우에 준용한다.

(용어) 보전 : '권리'를 보호하여 유지하는 것을 표시하는 단어이다.

(용어) 전항의 규정에도 불구하고 : 변경방법을 정관에 정하지 않은 경우에도

제46조 (재단법인의 목적 기타의 변경) 재단법인의 목적을 달성할 수 없는 때에는 설립자나 이사는 주무관청의 허가를 얻어 설립의 취지를 참작하여 그 목적 기타 정관의 규정을 변경할 수 있다.

제47조 (증여, 유증에 관한 규정의 준용) ① 생전처분으로 재단법인을 설립하는 때에는 증여에 관한 규정을 준용한다.
② 유언으로 재단법인을 설립하는 때에는 유증에 관한 규정을 준용한다.

(용어) 생전처분 : 살아 있는 동안 재산을 처분하는 것을 말한다.

(용어) 생전처분으로 재단법인을 설립 : 살아 있을 때 재산을 기부하여 재단법인을 설립하는 것을 말한다.

(용어) 증여 : 대가 없이 재산을 주기로 하는 계약을 말한다.

(용어) 유언으로 재단법인을 설립 : 유언으로 재산을 기부하여 재단법인을 설립하는 것을 말한다.

(용어) 유증 : 유언으로 증여의 의사를 하는 것을 말한다.

제48조 (출연재산의 귀속시기) ① 생전처분으로 재단법인을 설립하는 때에는 출연재산은 법인이 성립된 때로부터 법인의 재산이 된다.
② 유언으로 재단법인을 설립하는 때에는 출연재산은 유언의 효력이 발생한 때로부터 법인에 귀속한 것으로 본다.

(용어) 출연재산 : 내 놓는 재산을 말한다.
(용어) 법인이 성립된 때 : 법인이 설립등기를 한 때를 말한다.
(용어) 유언의 효력이 발생한 때 : 유언자가 사망한 때를 말한다.

제49조 (법인의 등기사항) ① 법인설립의 허가가 있는 때에는 3주간 내에 주된 사무소소재지에서 설립등기를 하여야 한다.
② 전항의 등기사항은 다음과 같다.
1. 목적
2. 명칭
3. 사무소
4. 설립허가의 연월일
5. 존립시기나 해산이유를 정한 때에는 그 시기 또는 사유
6. 자산의 총액
7. 출자의 방법을 정한 때에는 그 방법
8. 이사의 성명, 주소
9. 이사의 대표권을 제한한 때에는 그 제한

(용어) 자산의 총액 : 재산의 총액수를 말한다.
(용어) 출자의 방법 : 재산을 내놓는 방법을 말한다.

民.法.總.則

> **제50조 (분사무소설치의 등기)** ① 법인이 <u>분사무소</u>를 설치한 때에는 <u>주사무소 소재지</u>에서는 3주간내에 분사무소를 설치한 것을 등기하고 그 <u>분사무소소재지</u>에서는 <u>동 기간</u> 내에 전조 제2항의 사항을 등기하고 다른 분사무소소재지에서는 동 기간 내에 그 분사무소를 설치한 것을 등기하여야 한다.
> ② 주사무소 또는 분사무소의 소재지를 관할하는 등기소의 관할구역 내에 분사무소를 설치한 때에는 전항의 기간 내에 그 사무소를 설치한 것을 등기하면 된다.

(용어) 주사무소 : '주'가 되는 사무소를 말한다. '주된 사무소, 본점'이라고도 한다.

(용어) 주사무소 소재지 : '주'가 되는 사무소의 소재지역을 말한다.

(용어) 분사무소 : 주된 사무소에 종속된 사무소를 말한다. '분점'이라고도 한다.

(용어) 분사무소 소재지 : 종속된 사무소의 소재지역을 말한다.

(용어) 동 기간 : 같은 기간을 말한다.

> **제51조 (사무소이전의 등기)** ① 법인이 그 사무소를 <u>이전</u>하는 때에는 <u>구소재지</u>에서는 3주간 내에 이전등기를 하고 <u>신소재지</u>에서는 동기간 내에 <u>제49조제2항에 게기한 사항</u>을 등기하여야 한다.
> ② 동일한 등기소의 관할구역 내에서 사무소를 이전한 때에는 그 이전한 것을 등기하면 된다.

(용어) 이전2 : 장소나 주소를 다른 곳으로 옮기는 것을 표시하는 단어이다.

(용어) 구소재지 : 이전하기 전의 옛날 소재지를 말한다.

(용어) 신소재지 : 이전한 후 새로운 소재지를 말한다.

(용어) 게기 : 기재해서 표시한 것을 말한다.

(용어) 제49조 제2항에 게기한 사항 : 제49조 제2항에 기재해서 표시한 사항을 말한다.

제52조 (변경등기) 제49조제2항의 사항 중에 변경이 있는 때에는 3주간 내에 변경등기를 하여야 한다.

(용어) 변경등기 : 등기를 고쳐서 바꾸는 것을 말한다.

제52조의2 (직무집행정지 등 가처분의 등기) 이사의 직무집행을 정지하거나 직무대행자를 선임하는 가처분을 하거나 그 가처분을 변경·취소하는 경우에는 주사무소와 분사무소가 있는 곳의 등기소에서 이를 등기하여야 한다.

(용어) 직무집행 : 그 직책의 업무를 집행하는 것을 말한다.

(용어) 정지 : 정지사유가 발생하면 잠시 멈추었다가 정지사유가 없어지면 다시 진행되는 것을 표시하는 단어이다. 직무집행을 정지하겠다고 한다면 직무집행이 어떤 사유로 인해 잠시 멈추게 된 것을 말한다.

(용어) 직무대행자 : 직무를 대신 집행하는 자를 말한다. 직무집행이 정지된 이사의 직무를 대신 행하기 위하여 선임된 자를 말한다.

(용어) 가처분 : 임시로 하는 처분을 말한다. 이는 강제집행을 보전하기 위해서 사용된다.

(용어) 취소2 : 국가기관의 취소를 표시하는 단어이다.

제53조 (등기기간의 기산) 전3조의 규정에 의하여 등기할 사항으로 관청의 허가를 요하는 것은 그 허가서가 도착한 날로부터 등기의 기간을 기산한다.

(용어) 기산 : 계산하기 시작함을 말한다.

제54조 (설립등기 이외의 등기의 효력과 등기사항의 공고) ① 설립등기 이외의 본절의 등기사항은 그 등기후가 아니면 제3자에게 대항하지 못한다.
② 등기한 사항은 법원이 지체없이 공고하여야 한다.

(용어) 본절 : 제2절 설립을 말한다.

(용어) 설립등기 이외의 본절의 등기사항 : 등기는 누구나 열람이 가능하기 때문에 등기부에 기재가 된 사람은 제3자에게도 주장할 수 있다. 등기는 대항요건의 성격을 가지는 것이 원칙이다.

(용어) 등기후가 아니면 제3자에게 대항하지 못한다 : 등기가 되어 있지 않으면 제3자에게도 주장할 수가 없다.

(용어) 공고 : 어떤 사실을 대중들에게 공개적인 방법으로 알리는 것을 표시하는 단어이다.

제55조 (재산목록과 사원명부) ① 법인은 성립한 때 및 매년 3월내에 재산목록을 작성하여 사무소에 비치하여야 한다. 사업연도를 정한 법인은 성립한 때 및 그 연도 말에 이를 작성하여야 한다.
② 사단법인은 사원명부를 비치하고 사원의 변경이 있는 때에는 이를 기재하여야 한다.

(용어) 재산목록 : 재산의 명칭을 목차로 적은 기록을 말한다.

(용어) 비치 : 마련하여 갖추어 둔 것을 말한다.

(용어) 사업연도 : 업무와 결산의 편의를 위하여 정한 기간을 말한다. 이는 곧 결산기와 결산기 사이를 말한다. (2018. 1. 1.부터 2018. 12. 31.까지를 2018년 사업연도라 한다.)

(용어) 연도 말 : 사업연도 말을 말한다. (2018년 사업연도에서 2018. 12. 31.을 말한다.)

(용어) 사원명부 : 사원들의 성명을 기재한 장부를 말한다.

> **제56조(사원권의 양도, 상속금지)** 사단법인의 사원의 지위는 양도 또는 상속할 수 없다.

- (용어) 양도 : 상대방에게 넘기는 것을 표시하는 단어이다.
- (용어) 상속 : 피상속인의 권리·의무를 상속인이 포괄승계하는 것을 말한다.

제3절 기관

> 제57조 (이사) 법인은 이사를 두어야 한다.

> 제58조 (이사의 사무집행) ① 이사는 법인의 사무를 집행한다.
> ② 이사가 수인인 경우에는 정관에 다른 규정이 없으면 법인의 사무집행은 이사의 <u>과반수</u>로써 결정한다.

(용어) 과반수 : 반수가 더 되는 수를 말한다. (이사가 4명이 있으면 2명은 반수, 3명은 과반수다.)

> 제59조 (이사의 대표권) ① 이사는 법인의 사무에 관하여 각자 법인을 대표한다. 그러나 정관에 규정한 취지에 위반할 수 없고 특히 사단법인은 <u>총회의 의결</u>에 의하여야 한다.
> ② 법인의 대표에 관하여는 대리에 관한 규정을 준용한다.

(용어) 의결 : 의사결정을 말한다.

(용어) 총회 : 사원 전원이 모이는 회의인 말한다. '사원총회'라고도 한다.

(용어) 총회의 의결 : 총회의 의사결정을 말한다.

> 제60조 (<u>이사의 대표권에 대한 제한의 대항요건</u>) 이사의 대표권에 대한 제한은 등기하지 아니하면 제3자에게 대항하지 못한다.

(용어) 대항요건 : 어디에 대하여 주장할 수 있는 요건을 말한다.

(용어) 이사의 대표권에 대한 제한의 대항요건 : 이사의 대표권이 제한이 등기가 되어 있지 않으면 제3자에게도 주장할 수가 없다.

제60조의2 (직무대행자의 권한) ① 제52조의2의 직무대행자는 가처분명령에 다른 정함이 있는 경우 외에는 법인의 통상사무에 속하지 아니한 행위를 하지 못한다. 다만, 법원의 허가를 얻은 경우에는 그러하지 아니하다.
② 직무대행자가 제1항의 규정에 위반한 행위를 한 경우에도 법인은 선의의 제3자에 대하여 책임을 진다.

(용어) 통상사무 : 통상적으로 하는 사무를 말한다.

제61조 (이사의 주의의무) 이사는 선량한 관리자의 주의로 그 직무를 행하여야 한다.

(용어) 선량한 관리자의 주의 (선관의무) : 일반적 평균인에게 요구되는 정도의 주의를 말한다. 우리 민법은 선량한 관리자의 주의를 원칙으로 하고 있다.

제62조 (이사의 대리인 선임) 이사는 정관 또는 총회의 결의로 금지하지 아니한 사항에 한하여 타인으로 하여금 특정한 행위를 대리하게 할 수 있다.

(용어) 대리 : 법률행위 즉 의사표시를 대신하는 것을 말한다.

(용어) 특정한 행위를 대리하게 할 수 있다 : 특정한 행위의 법률행위를 대신하게 할 수 있는 것을 말한다.

제63조 (임시이사의 선임) 이사가 없거나 결원이 있는 경우에 이로 인하여 손해가 생길 염려 있는 때에는 법원은 이해관계인이나 검사의 청구에 의하여 임시이사를 선임하여야 한다.

(용어) 이사가 없는 경우 : 이사가 전혀 없는 경우를 말한다. (3명의 이사가 있어야 하는데 한명도 없는 경우가 이에 속한다.)

(용어) 이사의 결원이 있는 경우 : 이사가 있어야 하는 데 인원수가 부족한 경우를 말한다. (3명의 이사가 있어야 하는데 2명만 있는 경우가 이에 속한다.)

(용어) 임시이사 : 이사가 없거나 결원이 있는 경우에 새로운 이사를 선임하기 전에 임시로 선임된 이사를 말한다.

제64조 (특별대리인의 선임) 법인과 이사의 이익이 상반하는 사항에 관하여는 이사는 대표권이 없다. 이 경우에는 전조의 규정에 의하여 특별대리인을 선임하여야 한다.

(용어) 이익이 상반 : 이익이 서로 반대되는 것을 말한다.

(용어) 법인과 이사의 이익이 상반하는 사항 : 법인에게 이익이 있으면 이사에게는 손해가 발생하고, 이사에게 이익이 있으면 법인에게 손해가 발생하게 되는 사항을 말한다. (법인의 재산을 이사가 양수받는 경우나 법인과 이사가 서로 소송을 제기하는 경우가 이익이 상반되는 경우이다.)

(용어) 전조의 규정에 의하여 : 법원은 이해관계인이나 검사의 청구에 의하여 선임하여야 한다.

(용어) 특별대리인 : 법인과 이사의 이익이 상반하는 특별한 사항에 있어 이사의 대표권을 없애고 선임된 대리인을 말한다.

제65조 (이사의 임무해태) 이사가 그 임무를 해태한 때에는 그 이사는 법인에 대하여 연대하여 손해배상의 책임이 있다.

(용어) 해태 : 게으름을 말한다.

(용어) 임무를 해태한 때 : 임무를 수행하지 않고 게으름을 피우는 것을 말한다.

제66조 (감사) 법인은 정관 또는 총회의 결의로 감사를 둘 수 있다.

(용어) 감사 : 일을 감독하고 검사하는 법인의 기관을 말한다.

제67조 (감사의 직무) 감사의 직무는 다음과 같다.
1. 법인의 재산상황을 감사하는 일
2. 이사의 업무집행의 상황을 감사하는 일
3. 재산상황 또는 업무집행에 관하여 부정, 불비한 것이 있음을 발견한 때에는 이를 총회 또는 주무관청에 보고하는 일
4. 전호의 보고를 하기 위하여 필요 있는 때에는 총회를 소집하는 일

(용어) 부정 : 올바르지 않은 것을 말한다.

(용어) 불비 : 준비가 안 된 것을 말한다.

제68조 (총회의 권한) 사단법인의 사무는 정관으로 이사 또는 기타 임원에게 위임한 사항 외에는 총회의 결의에 의하여야 한다.

제69조 (통상총회) 사단법인의 이사는 매년 1회 이상 통상총회를 소집하여야 한다.

(용어) 통상총회 : 일정한 시기에 통상적으로 열리는 총회를 말한다.

제70조 (임시총회) ① 사단법인의 이사는 필요하다고 인정한 때에는 임시총회를 소집할 수 있다.
② 총사원의 5분의 1 이상으로부터 회의의 목적사항을 제시하여 청구한 때에는 이사는 임시총회를 소집하여야 한다. 이 정수는 정관으로 증감할 수 있다.
③ 전항의 청구 있는 후 2주간 내에 이사가 총회소집의 절차를 밟지 아니한 때에는 청구한 사원은 법원의 허가를 얻어 이를 소집할 수 있다.

(용어) 임시총회 : 필요에 따라서 임시적으로 소집하는 총회를 말한다.

(용어) 증감 : 증가와 감소를 말한다.

제71조 (총회의 소집) 총회의 소집은 1주간 전에 그 회의의 목적사항을 기재한 통지를 발하고 기타 정관에 정한 방법에 의하여야 한다.

(용어) 통지 : 어떤 사실을 개별적으로 알리는 것을 표시하는 단어이다.

(용어) 발하고 : 보내는 것을 말한다.

제72조 (총회의 결의사항) 총회는 전조의 규정에 의하여 통지한 사항에 관하여서만 결의할 수 있다. 그러나 정관에 다른 규정이 있는 때에는 그 규정에 의한다.

제73조 (사원의 결의권) ① 각 사원의 결의권은 평등으로 한다.
② 사원은 서면이나 대리인으로 결의권을 행사할 수 있다.
③ 전2항의 규정은 정관에 다른 규정이 있는 때에는 적용하지 아니한다.

(용어) 결의권 : 결의에 행사할 수 있는 권리를 말한다.

(용어) 적용하지 아니한다 : 결의권은 평등하게 하지 않아도 되고, 서면이나 대리인으로 결의권을 행사할 수 없다.

제74조 (사원이 결의권 없는 경우) 사단법인과 어느 사원과의 관계사항을 의결하는 경우에는 그 사원은 결의권이 없다.

제75조 (총회의 결의방법) ① 총회의 결의는 본법 또는 정관에 다른 규정이 없으면 사원 과반수의 출석과 출석사원의 결의권의 과반수로써 한다.
② 제73조제2항의 경우에는 당해사원은 출석한 것으로 한다.

(용어) 사원 과반수의 출석 : 사원 전체를 기준으로 과반수가 출석해야 한다.

(용어) 출석사원의 결의권의 과반수 : 출석한 사원의 결의권을 기준으로 과반수가 되어야 한다.

> **제76조 (총회의 의사록)** ① 총회의 의사에 관하여는 의사록을 작성하여야 한다.
> ② 의사록에는 의사의 경과, 요령 및 결과를 기재하고 의장 및 출석한 이사가 기명날인하여야 한다.
> ③ 이사는 의사록을 주된 사무소에 비치하여야 한다.

(용어) 의사록 : 일을 논의했음을 기록한 것을 말한다.
(용어) 의사의 경과 : 의사의 진행과정을 말한다.
(용어) 의사의 요령 : 의사의 중요한 요점을 말한다.

제4절 해산

제77조 (해산사유) ① 법인은 존립기간의 만료, 법인의 목적의 달성 또는 달성의 <u>불능</u> 기타 정관에 정한 해산사유의 발생, <u>파산</u> 또는 설립허가의 <u>취소</u>로 해산한다.
② 사단법인은 사원이 없게 되거나 총회의 결의로도 해산한다.

(용어) 불능 : 후발적 불능을 말한다. 따라서 체결된 계약의 내용이 계약체결 후부터 불능상태인 경우를 표시하는 단어이다.

(용어) 파산 : 채무가 자산보다 많고 이를 변제할 능력이 없는 경우를 말한다.

(용어) 취소2 : 국가기관의 취소를 표시하는 단어이다.

제78조 (사단법인의 해산결의) 사단법인은 총사원 4분의 3 이상의 동의가 없으면 <u>해산을 결의</u>하지 못한다. 그러나 정관에 다른 규정이 있는 때에는 그 규정에 의한다.

(용어) 해산을 결의 : 영업의 종료하기로 하는 사원총회의 결의를 말한다.

제79조 (파산신청) 법인이 채무를 완제하지 못하게 된 때에는 이사는 지체없이 파산신청을 하여야 한다.

(용어) 파산신청 : 파산을 내려달라고 법원에 신청하는 것을 말한다.

제80조 (잔여재산의 귀속) ① 해산한 법인의 재산은 정관으로 지정한 자에게 귀속한다.
② 정관으로 귀속권리자를 지정하지 아니하거나 이를 지정하는 방법을 정하지 아니한 때에는 이사 또는 청산인은 주무관청의 허가를 얻어 그 법인의 목적에 유사한 목적을 위하여 그 재산을 처분할 수 있다. 그러나 사단법인에 있어서는 총회의 결의가 있어야 한다.
③ 전2항의 규정에 의하여 처분되지 아니한 재산은 국고에 귀속한다.

(용어) 잔여재산 : 모든 채무를 청산하고 남은 재산을 말한다.

(용어) 잔여재산의 귀속 : 모든 채무를 청산하고 남은 재산을 누구에게 귀속시킬지에 관한 것을 말한다.

(용어) 지정 : 지시해서 정하는 것을 말한다.

(용어) 지정한 자 : 지시해서 정해지는 자를 말한다.

(용어) 귀속권리자 : 잔여재산을 귀속받기로 한 자를 말한다.

(용어) 청산인 : 해산 후에 계산을 청소하는 자를 말한다.

(용어) 국고 : 현금을 수납하고 지급하는 주체의 국가를 말한다.

제81조 (청산법인) 해산한 법인은 청산의 목적범위 내에서만 권리가 있고 의무를 부담한다.

(용어) 해산한 법인 : 영업을 종료한 법인을 말한다. 영업을 종료하면 바로 청산절차에 들어가기 때문에 '청산법인'이라고도 한다.

(용어) 청산 : 해산 후에 계산을 청소하는 것을 말한다.

제82조 (청산인) 법인이 해산한 때에는 파산의 경우를 제하고는 이사가 청산인이 된다. 그러나 정관 또는 총회의 결의로 달리 정한 바가 있으면 그에 의한다.

제83조 (법원에 의한 청산인의 선임) 전조의 규정에 의하여 청산인이 될 자가 없거나 청산인의 결원으로 인하여 손해가 생길 염려가 있는 때에는 법원은 직권 또는 이해관계인이나 검사의 청구에 의하여 청산인을 선임할 수 있다.

제84조 (법원에 의한 청산인의 해임) 중요한 사유가 있는 때에는 법원은 직권 또는 이해관계인이나 검사의 청구에 의하여 청산인을 해임할 수 있다.

(용어) 해임 : 임명을 해지를 당하는 것을 말한다.

제85조 (해산등기) ① 청산인은 파산의 경우를 제하고는 그 취임 후 3주간 내에 해산의 사유 및 연월일, 청산인의 성명 및 주소와 청산인의 대표권을 제한한 때에는 그 제한을 주된 사무소 및 분사무소소재지에서 등기하여야 한다.
② 제52조의 규정은 전항의 등기에 준용한다.

(용어) 해산등기 : 영업종료의 등기를 말한다.

(용어) 취임 : 임무에 관여하기 시작함을 말한다.

제86조 (해산신고) ① 청산인은 파산의 경우를 제하고는 그 취임 후 3주간 내에 전조 제1항의 사항을 주무관청에 신고하여야 한다.
② 청산 중에 취임한 청산인은 그 성명 및 주소를 신고하면 된다.

(용어) 해산신고 : 영업종료의 신고를 말한다.

> **제87조 (청산인의 직무)** ① 청산인의 직무는 다음과 같다.
> 1. <u>현존사무의 종결</u>
> 2. <u>채권의 추심 및 채무의 변제</u>
> 3. <u>잔여재산의 인도</u>
> ② 청산인은 전항의 직무를 행하기 위하여 필요한 모든 행위를 할 수 있다.

(용어) 현존사무의 종결 : 현재 존재하는 사무를 마무리 짓는 것을 말한다.

(용어) 채권 : 채권자가 채무자에게 가지는 권리를 말한다. 채권은 채권자라는 특정인이 채무자라는 특정인에 대해서만 효력을 가진다.

(용어) 추심 : 찾아내서 가져오는 것을 말한다.

(용어) 채권의 추심 : 채권자가 채무자의 재산을 찾아내서 가져오는 것을 말한다. 즉 채권자가 돈을 받는 것을 말한다.

(용어) 변제 : 채무자나 제3자가 채무를 소멸시킨 '결과'에 중점을 두어서 표시하는 단어이다.

(용어) 인도 : 물건이 상대방에게 넘어가는 현상을 표시하는 단어이다.

(용어) 잔여재산의 인도 : 모든 채무를 청산하고 남은 재산이 귀속되는 자에게 넘기는 것을 말한다.

> **제88조 (채권신고의 공고)** ① 청산인은 취임한 날로부터 2월내에 3회 이상의 공고로 채권자에 대하여 일정한 기간 내에 그 <u>채권을 신고할 것을 최고</u>하여야 한다. 그 기간은 2월 이상이어야 한다.
> ② 전항의 공고에는 채권자가 기간 내에 신고하지 아니하면 청산으로부터 제외될 것을 표시하여야 한다.
> ③ 제1항의 공고는 법원의 등기사항의 공고와 동일한 방법으로 하여야 한다.

(용어) 채권신고의 공고 : 채권자들에게 채권을 신고할 것을 공개적인 방법으로 알리는 것을 말한다.

(용어) 최고 : 재촉하는 것을 말한다.

> (용어) 채권을 신고할 것을 최고 : 채권자들에게 채권을 신고하라고 재촉하는 것을 말한다.

제89조 (채권신고의 최고) 청산인은 <u>알고 있는</u> 채권자에게 대하여는 각각 그 채권신고를 최고하여야 한다. 알고 있는 채권자는 청산으로부터 제외하지 못한다.

> (용어) 알고 있는 : 어떤 사정을 알고 있는 것을 말한다. '악의'라고도 한다.

> **논점 정리** 일본 용어의 뜻
> ⓐ 선의(善意) : 어떤 사정을 알지 못하는 것을 말한다.
> ⓑ 악의(惡意) : 어떤 사정을 알고 있는 것을 말한다.
>
> **논점 정리** 한글 용어의 뜻
> ⓒ 선의(善意) : 착한 마음, 좋은 뜻으로 사용한다.
> ⓓ 악의(惡意) : 나쁜 마음, 좋지 않은 뜻으로 사용한다.

제90조 (채권신고기간내의 변제금지) 청산인은 제88조제1항의 <u>채권신고기간내</u>에는 채권자에 대하여 변제하지 못한다. 그러나 법인은 채권자에 대한 <u>지연손해배상</u>의 의무를 면하지 못한다.

> (용어) 채권신고기간 내 : 채권자들에게 채권을 신고하라고 정한 기간 내를 말한다.
> (용어) 지연손해배상 : 지체되고 늦어지고 있는 것에 대한 손해배상책임을 말한다.

> 제91조 (채권변제의 특례) ① 청산중의 법인은 변제기에 이르지 아니한 채권에 대하여도 변제할 수 있다.
> ② 전항의 경우에는 조건 있는 채권, 존속기간의 불확정한 채권 기타 가액의 불확정한 채권에 관하여는 법원이 선임한 감정인의 평가에 의하여 변제하여야 한다.

- (용어) 채권변제의 특례 : 채권자에게 변제하는 특별한 예를 말한다.
- (용어) 청산중의 법인 : 청산을 하고 있는 중의 법인을 말한다.
- (용어) 변제기 : 채무를 변제하기로 정한 기한을 표시하는 단어이다.
- (용어) 조건2 : 법률행위의 부관으로서 법률행위의 발생·소멸을 장래에 발생할 것이 불확실한 사실에 의존하게 하는 것을 표시하는 단어이다.
- (용어) 존속기간의 불확정한 채권 : 존속기간이 확정되지 않은 채권을 말한다.
- (용어) 가액의 불확정한 채권 : 가액이 확정되지 않은 채권을 말한다.
- (용어) 감정인 : 국가가 인정한 감정평가사를 말한다.

> 제92조 (청산으로부터 제외된 채권) 청산으로부터 제외된 채권자는 법인의 채무를 완제한 후 귀속권리자에게 인도하지 아니한 재산에 대하여서만 변제를 청구할 수 있다.

- (용어) 변제를 청구 : 채무자나 제3자가 채무를 소멸시키도록 청구하는 것을 표시하는 단어이다.

제93조 (청산중의 파산) ① 청산중 법인의 재산이 그 채무를 완제하기에 부족한 것이 분명하게 된 때에는 청산인은 지체없이 파산선고를 신청하고 이를 공고하여야 한다.
② 청산인은 파산관재인에게 그 사무를 인계함으로써 그 임무가 종료한다.
③ 제88조제3항의 규정은 제1항의 공고에 준용한다.

(용어) 완제 : 완전히 변제하는 것을 말한다.

(용어) 파산선고 : 채무가 자산보다 많고 이를 변제할 능력이 없다고 법원이 선고를 내린 경우를 말한다.

(용어) 파산관재인 : 파산절차에 있어서 재산을 관리하라고 법원이 선임한 자를 말한다.

(용어) 인계 : 넘겨주고 받는 것을 말한다.

제94조 (청산종결의 등기와 신고) 청산이 종결한 때에는 청산인은 3주간 내에 이를 등기하고 주무관청에 신고하여야 한다.

제95조 (해산, 청산의 검사, 감독) 법인의 해산 및 청산은 법원이 검사, 감독한다.

제96조 (준용규정) 제58조제2항, 제59조 내지 제62조, 제64조, 제65조 및 제70조의 규정은 청산인에 이를 준용한다.

제5절 벌칙

> **제97조 (벌칙)** 법인의 이사, 감사 또는 청산인은 다음 각호의 경우에는 500만원 이하의 <u>과태료</u>에 처한다.
> 1. 본장에 규정한 등기를 해태한 때
> 2. 제55조의 규정에 위반하거나 재산목록 또는 사원명부에 <u>부정기재</u>를 한 때
> 3. 제37조, 제95조에 규정한 검사, 감독을 방해한 때
> 4. 주무관청 또는 총회에 대하여 사실 아닌 신고를 하거나 사실을 <u>은폐</u>한 때
> 5. 제76조와 제90조의 규정에 위반한 때
> 6. 제79조, 제93조의 규정에 위반하여 파산선고의 신청을 해태한 때
> 7. 제88조, 제93조에 정한 공고를 해태하거나 <u>부정한 공고</u>를 한 때

(용어) 과태료 : 행정상의 의무 위반에 대해서 물리는 금액을 말한다.

(용어) 부정기재 : 거짓된 기재를 말한다.

(용어) 은폐 : 덮어서 숨기는 것을 말한다.

(용어) 부정한 공고 : 거짓된 공고를 말한다.

제4장 물건

제98조 (물건의 정의) <u>본법</u>에서 물건이라 함은 <u>유체물</u> 및 전기 기타 <u>관리할 수 있는 자연력</u>을 말한다.

(용어) 본법 : 민법을 말한다.

(용어) 유체물 : 형체가 있는 물건으로 고체, 액체, 기체를 말한다.

(용어) 관리할 수 있는 자연력 : 햇빛이나 바람과 같은 자연력을 축전지를 통해서 관리가능하게 만든 것을 말한다.

제99조 (부동산, 동산) ① 토지 및 <u>그 정착물</u>은 부동산이다.
② 부동산 이외의 물건은 동산이다.

(용어) 토지의 정착물 : 토지에 고정적으로 부착되어 있어 이동이 쉽지 않은 물건을 말한다.

> **논점 정리** **유럽의 용어정리방식**

ⓐ 부동산을 기준으로 잡았다 : 제99조 제1항은 부동산의 개념을 정의하고 부동산이 아닌 것 전부를 동산으로 정의했다.

ⓑ 그에 따른 해석 : 토지 및 그 정착물은 부동산으로 잡고, 이 외의 것이 동산이 된다.

> **논점 정리** **한자의 용어정리방식**

ⓒ 동산을 기준으로 잡았다 : '동산'이라는 단어를 기준으로 개념을 정의하고, 동산이 아닌 것에 '부'라는 단어를 붙여 부동산이라고 정의했다.

ⓓ 그에 따른 해석 : 움직일 수 있는 생산물을 동산으로 잡았다. 여기서 움직일 수 있다는 것은 물리적으로 움직일 수 있는 것으로 힘을 쓰거나 시동을 걸어서 움직일 수 있는 것들도 포함된다. 이 외의 것이 부동산이 된다.

> **논점 정리** **왜 개념이 헷갈릴까?**

ⓔ 단어와 개념을 혼용해서 사용 : 단어는 한자방식을 사용하고, 개념은 유럽방식으로 이해해야 하기 때문에 단어와 개념이 매치가 되지 않는다.

제100조 (주물, 종물) ① 물건의 소유자가 그 물건의 <u>상용</u>에 <u>공</u>하기 위하여 자기소유인 다른 물건을 이에 <u>부속</u>하게 한 때에는 그 <u>부속물</u>은 종물이다.
② <u>종물은 주물의 처분에 따른다.</u>

- (용어) 상용 : 항상 사용하는 것을 말한다.
- (용어) 공 : 이바지를 말한다.
- (용어) 부속 : 물건을 부착시켰다가 분리했을 때 본래의 성질을 가지는 것을 말한다.
- (용어) 부속물 : 물건을 부착시켰다가 분리했을 때 본래의 성질을 가지는 물건을 말한다. (타이어를 자동차에 부착시켰다가 분리했을 때 타이어의 본래의 성질이 계속 유지된다. 따라서 타이어는 자동차의 부속물이다.)

(용어) 종물 : 종된 물권을 말한다.

(용어) 주물 : 주된 물권을 말한다.

(용어) 종물은 주물의 처분에 따른다 : 주물을 처분하면 종물도 따라서 처분되는 것을 말한다. (甲이 乙에게 자동차를 양도하면 타이어도 함께 양도된다.)

제101조 (천연과실, 법정과실) ① <u>물건의 용법</u>에 의하여 <u>수취하는 산출물</u>은 <u>천연과실</u>이다.
② 물건의 사용대가로 받는 금전 기타의 물건은 <u>법정과실</u>로 한다.

(용어) 물건의 용법 : 물건이 가지고 있는 본래의 사용방법을 말한다.

(용어) 산출물 : 생산되어 나오는 물건을 말한다.

(용어) 수취하는 산출물 : 생산되어 나와 거두어들이는 물건을 말한다.

(용어) 과실2 : 원물로부터 생기는 수익물을 말한다. '果實'라고 표시한다.

(용어) 천연과실 : 천연적으로 생기는 과실을 말한다. (나무에 열리는 사과, 개가 낳은 강아지 등이 있다.)

(용어) 법정과실 : 법률규정으로 생기는 과실을 말한다. (자동차나 집을 빌려주고 받는 차임, 돈을 빌려주고 받는 이자 등이 있다.)

제102조 (과실의 취득) ① 천연과실은 그 원물로부터 분리하는 때에 이를 <u>수취할 권리자</u>에게 속한다.
② 법정과실은 <u>수취할 권리의 존속기간일수의 비율</u>로 취득한다.

(용어) 수취할 권리자 : 받아서 가질 수 있는 권리자를 말한다. 수취할 권리자는 원칙적으로 사용·수익하는 자이고 사용·수익을 하는 자가 아무도 없을 때에는 채권자가 수취할 권리자가 된다.

(용어) 수취할 권리 : 받아서 가질 수 있는 권리를 말한다.

(용어) 존속기간일수의 비율 : 존속기간 전체에서 하루의 수의 비율을 말한다. 30일 중에서 15일은 2분의 1 비율이다. (월세를 100만원씩 내는 乙이 45일을 살았다면 차임은 150만원이다.)

> **논점 정리** **소유자가 사용·수익하는 경우**
> ⓐ 원칙 : 소유자가 과실을 수취할 권리를 가진다.
> ⓑ 저당권자의 압류 후 : 원래는 소유자인 저당권설정자가 과실을 수취할 권리를 가지나 압류 후부터는 저당권자가 과실을 수취할 권리를 가지는 예외규정을 민법은 두었다.
>
> **논점 정리** **소유자 외의 자가 사용·수익하는 경우**
> ⓒ 지상권, 전세권, 임차권 : 소유자가 아닌 지상권자, 전세권자, 임차인이 과실을 수취할 권리를 가진다.
>
> **논점 정리** **사용·수익하는 자가 없는 경우**
> ⓓ 유치권, 질권 : 유치권자, 질권자는 채권자로써 과실을 수취하여 자신의 채권에 충당할 권리를 가진다.

제5장 법률행위

제1절 총칙

> **제103조 (반사회질서의 법률행위)** 선량한 풍속 기타 사회질서에 위반한 사항을 내용으로 하는 법률행위는 무효로 한다.

(용어) 선량한 풍속 : 국민에게 지킬 것이 요구되는 최소한도의 도덕률을 말한다.

(용어) 사회질서 : 사회의 공공적 질서를 말한다.

(용어) 반사회질서 : 선량한 풍속 기타 사회질서에 위반을 말한다.

(용어) 무효 : 효력이 없는 것을 말한다.

(용어) 법률행위는 무효 : 법률행위가 효력이 없는 것을 말한다.

논점 정리 무효의 4원칙

ⓐ 무효는 누구나 주장 : 누구나 무효를 주장할 수 있다 보니 귀책사유 있는 자도 무효를 주장할 수 있다.

ⓑ 주장하는 사람이 증명 : 누구나 무효를 주장할 수 있다 보니 주장하는 사람이 무효에 해당함을 증명해야 한다.

ⓒ 누구에게나 주장 : 누구에게나 무효를 주장할 수 있다. 당사자간에는 물론이고, 이런 사실을 알고 있는 제3자, 모르는 제3자에게도 주장할 수 있다.

ⓓ 부당이득반환청구 : 무효가 되었기에 아직 이행하지 않은 것이 있으면 이행할 필요가 없고, 이미 이행한 것이 있으면 부당이득반환청구가 가능하다.

> **제104조 (불공정한 법률행위)** 당사자의 궁박, 경솔 또는 무경험으로 인하여 현저하게 공정을 잃은 법률행위는 무효로 한다.

(용어) 불공정한 : 현저하게 공정을 잃은 것을 말한다.

(용어) 당사자 : 계약을 체결한 양쪽 모두를 한꺼번에 표시하는 단어이다.

(용어) 궁박 : 경제적이든 정신적·심리적으로 극에 달한 절박한 상황을 말한다.

(용어) 경솔 : 언행이 진중하지 못하고 가벼움을 말한다.

(용어) 무경험 : 특정영역에 있어서 경험이 부족하다는 것이 아니라 거래 일반에 대한 경험의 부족을 말한다.

논점 정리 계약의 당사자, 상대방, 제3자

ⓐ 당사자·당사자 쌍방 : 계약을 체결한 양쪽 모두를 표시하는 단어이다.

ⓑ 당사자 일방 : 계약을 체결한 양쪽 중에서 한쪽만을 표시하는 단어이다.

ⓒ 상대방 : 계약을 체결한 양 당사자가 다른 한쪽을 부를 때 표시하는 단어이다.

ⓓ 제3자 : 당사자 이외의 자들을 표시하는 단어이다.

논점 정리 당사자와 제3자의 개념은 상대적인 것이다.

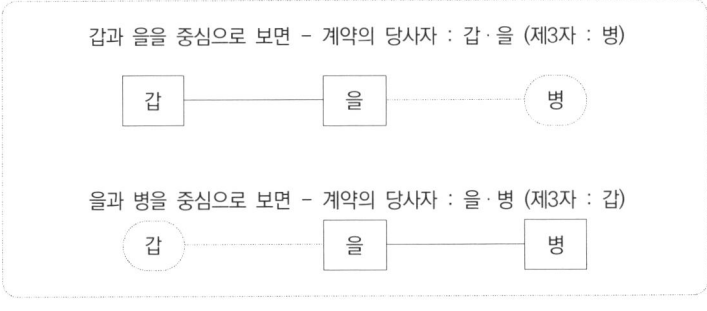

> 제105조 (임의규정) 법률행위의 당사자가 법령 중의 선량한 풍속 기타 사회질서에 관계없는 규정과 다른 의사를 표시한 때에는 그 의사에 의한다.

(용어) 임의 : 자발적인 의사를 말한다.

(용어) 임의규정 : 법령 중의 선량한 풍속 기타 사회질서에 관계없는 규정으로 임의적으로 바꿀 수 있는 규정을 말한다.

논점 정리 **용어정리**

ⓐ 반사회적 법률행위 : 선량한 풍속 기타 사회질서에 위반한 사항을 내용으로 하는 법률행위를 말한다.

ⓑ 임의규정 : 법령 중의 선량한 풍속 기타 사회질서에 관계없는 규정으로 임의적으로 바꿀 수 있는 규정을 말한다.

ⓒ 강행규정 : 법령 중의 선량한 풍속 기타 사회질서에 관계있는 규정으로 강력하게 행동으로 옮길 것을 주문하는 규정을 말한다.

> **논점 정리** 법률행위와 법률규정은 일치되지 않고 다를 수 있다.

ⓐ 임의규정 : 임의규정이란 법령 중의 선량한 풍속 기타 사회질서에 관계없는 규정으로 임의적으로 바꿀 수 있는 규정을 말한다. 법률의 규정이 임의규정인 경우 의사표시를 통해 법률의 규정과 다른 내용의 법률행위를 할 수 있고, 이 법률행위는 유효가 된다.

ⓑ 강행규정 : 강행규정이란 법령 중의 선량한 풍속 기타 사회질서에 관계있는 규정으로 강력하게 행동으로 옮길 것을 주문하는 규정을 말한다. 법률의 규정이 강행규정인 경우 의사표시를 통해 법률의 규정과 다른 내용의 법률행위를 할 수 없고, 설령 했다고 하더라도 이 법률행위는 무효가 된다.

> **논점 정리** 편면적 강행규정이란?

ⓒ 당사자 한쪽을 특별히 보호할 때 적용 : 한쪽 면은 강행규정의 성격을 지니지만, 다른 한쪽 면은 임의규정의 성격을 지는 규정을 말한다. 민법의 임대차 규정은 임차인을 보호하기 위한 취지이므로, 임차인에게 인정되는 규정이 있음에도 이와 다른 내용의 법률행위가 임차인에게 불리한 경우에는 효력이 없고, 임차인에게 유리한 경우에는 효력이 있다. 따라서 임차인에게 인정되는 규정은 임차인에게 불리한 부분에서는 강행규정의 성격을 가지고, 임차인에게 유리한 부분에서는 임의규정의 성격을 가진다. 임대차 규정은 주로 편면적 강행규정의 성격을 가진다.

> **논점 정리** 근로기준법상 최저시급?

ⓓ 근로자를 특별히 보호할 때 적용 : 근로기준법 최저시급이 있음에도 이 보다 높은 금액을 주기로 약정한 경우에는 근로자에게 유리한 부분이 되므로 임의규정을 성격을 가지게 되어 유효인 최저시급이 되지만, 이 보다 낮은 금액을 주기로 약정한 경우에는 근로자에게 불리한 부분이 되므로 강행규정의 성격을 가지게 되어 무효인 최저시급이 된다. 최저시급은 편면적 강행규정의 성격을 가진다.

> **제106조(사실인 관습)** 법령 중의 선량한 풍속 기타 사회질서에 관계없는 규정과 다른 관습이 있는 경우에 당사자의 의사가 명확하지 아니한 때에는 그 관습에 의한다.

(용어) 사실인 관습 : 어떠한 관행이 확신에 의하여 법적 규범이라고 승인되지 못한 것을 말한다.

(용어) 법령 중의 선량한 풍속 기타 사회질서에 관계없는 규정 : 임의규정을 말한다.

(용어) 관습 : 관행을 말한다.

제2절 의사표시

논점 정리 의사표시의 구조

표시 효과의사를 외부에서 인식할 수 있도록 표명하는 행위를 말한다.

    표시상의 효과의사 : 표시행위로부터 추단되는 효과의사를 말한다.

의사 내심적 효과의사 : 표의자가 가지고 있었던 실제의 의사를 말한다.

동기 의사표시를 하게 된 계기, 목적을 말한다.

논점 정리 의사표시의 종류에 따른 구조 분석

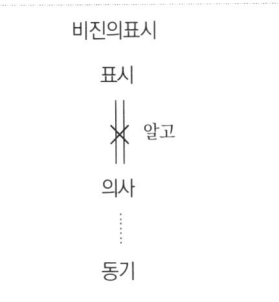

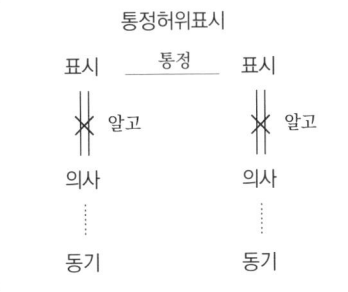

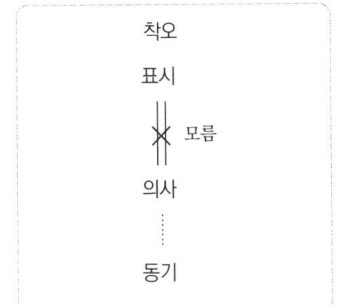

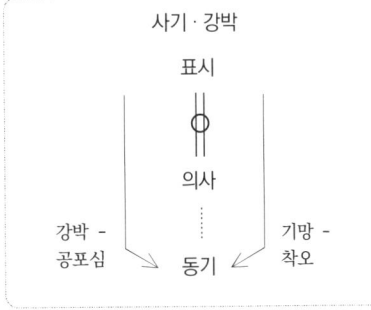

> **논점 정리** 작위에 의한 의사표시의 방법

ⓐ 의의 : 작위(作爲)란 법률행위를 짓는다는 즉 말을 한다는 뜻으로 말로써 자신의 의사를 외부로 표시하는 것을 말한다.

ⓑ 원칙 : 의사표시의 방법에는 원칙적으로 제한이 없다.

ⓒ 예외 : 의사표시의 방법에 예외적으로 제한이 있는 경우에는 민법에 규정을 두거나 판례를 통해 인정된다. 다시 말해서 민법의 규정이나 판례를 통해서 인정되는 예외가 아닌 의사표시라면 원칙에 입각해 표시를 하는 방법상으로는 제한이 없다고 생각하면 된다.

> **논점 정리** 작위에 의한 의사표시의 4원칙

ⓓ 명시적·묵시적 : 의사표시는 명시적 또는 묵시적으로 할 수 있다. 의사표시를 직접적으로 표시하는 것을 명시적 의사표시라고 하고 간접적으로 표시하는 것을 묵시적 의사표시라고 한다. 甲이 노트북을 사겠다고 직접 말을 하면 구매할 의사를 명시적으로 표시한 것이 되고, 甲이 계좌로 노트북 대금을 송금하면 구매할 의사를 묵시적으로 표시한 것이 된다.

ⓔ 서면·구두 : 의사표시는 구두나 서면으로 할 수 있다.

ⓕ 재판상·재판 외 : 의사표시는 재판 외 또는 재판상으로 할 수 있다.

ⓖ 사전·사후 : 의사표시는 사전에 할 수도 있지만, 사후에 할 수도 있다.

논점정리 부작위에 의한 의사표시의 방법

ⓐ 의의 : 부작위(不作爲)란 작위를 하지 않는다는 뜻으로 즉 말을 하지 않는다는 뜻으로 침묵으로 자신의 의사를 외부로 표시하지 않는 것을 말한다.

ⓑ 원칙 : 침묵을 함으로써 자신의 의사를 외부로 표시하지 않기에 부작위에 의한 의사표시는 원칙적으로 의사표시라고 할 수가 없다.

ⓒ 예외 : 고지의무·설명의무 있는 자가 의사표시를 하지 않는 경우에는 의사표시가 될 수 있다. 고지의무·설명의무가 있는 아파트 분양자가 쓰레기 매립장이 옆에 건설예정인 사실을 알려주지 않고 아파트를 분양한 경우에 수분양자를 속인 사기의 의사표시가 된다.

논점정리 굶어 죽어가는 사람을 방치한 경우 살인죄?

ⓓ 원칙 : 굶어 죽어가는 사람을 보고 안쓰러워하면서 방치한다고 해서 살인죄로 처벌받지 않는다. 죽어가는 사람을 방치했다고 해서 살인의 의사가 있다고 볼 수 없기 때문이다.

ⓔ 예외 : 굶어 죽어가는 사람이 자신의 자식이고 이를 안쓰러워하면서 방치한자가 부모인 경우에는 예외적으로 살인죄로 처벌을 받는다. 부모는 자식을 구조해야 할 작위의무가 있음에도 이를 방치한 것은 살인의 의사가 있다고 보기 때문이다.

> 제107조 (진의 아닌 의사표시) ① 의사표시는 표의자가 <u>진의 아님을 알고 한 것이라도 그 효력이 있다.</u> 그러나 <u>상대방이 표의자의 진의 아님을 알았거나 이를 알 수 있었을 경우에는 무효로 한다.</u>
> ② 전항의 의사표시의 무효는 선의의 제3자에게 대항하지 못한다.

(용어) 진의 : 진정한 의사를 말한다.

(용어) 진의 아님 : 진정한 의사가 아님을 말한다.

(용어) 진의 아닌 의사표시 : 진의와 표시가 일치하지 않는 것을 표의자가 알면서 하는 의사표시를 말한다. 우리가 흔히 말하는 거짓말이다. '비진의표시'라고도 한다.

(용어) 효력이 있다 : 유효를 말한다.

(용어) 과실1 또는 알 수 있었을 때 : 주의의무를 다하지 못하여 일정한 결과의 발생을 인식하지 못해서 결과를 피할 수 없게 되는 행위, 즉 실수에 따른 행위를 표시하는 단어이다. 따라서 알 수 있었을 때라는 것도 주의의무를 다하지 못해서 알 수 있었으나 알지 못하게 된 경우로 과실의 다른 표현이다. '過失'라고 표시한다.

> **논점 정리** 알았거나 알 수 있었을 경우에는 무효
> ◆ 1단계 : 상대방이 알았거나 이를 알 수 있었을 경우에는 무효로 한다.
> ◆ 2단계 : 상대방이 악의 또는 과실이 있는 경우에는 무효로 한다.
> ◆ 3단계 : 상대방이 선의 그리고 무과실이 있는 경우에 유효로 한다.

> 제108조 (통정한 허위의 의사표시) ① 상대방과 <u>통정한 허위의 의사표시</u>는 무효로 한다.
> ② 전항의 의사표시의 무효는 선의의 제3자에게 대항하지 못한다.

(용어) 통정 : 합의를 말한다.

(용어) 허위의 의사표시 : 거짓말을 말한다.

(용어) 통정한 허위의 의사표시 : 상대방과 합의하에 한 거짓말을 말한다.

제109조 (착오로 인한 의사표시) ① 의사표시는 법률행위의 내용의 <u>중요부분에 착오</u>가 있는 때에는 <u>취소</u>할 수 있다. 그러나 그 착오가 표의자의 <u>중대한 과실</u>로 인한 때에는 취소하지 못한다.
② 전항의 의사표시의 취소는 선의의 제3자에게 대항하지 못한다.

(용어) 착오 : 어긋나서 잘못되다.

(용어) 착오로 인한 의사표시 : 착오는 진의와 표시가 일치하지 않는 것을 표의자가 모르고 하는 의사표시를 말한다.

(용어) 중요부분에 착오 : 표의자가 그러한 착오가 없었더라면 그 의사표시를 하지 않았으리라고 생각될 정도로 중요한 것이어야 하고, 일반인도 표의자의 처지에 섰더라면 그러한 의사표시를 하지 않았으리라고 생각될 정도로 중요한 것이어야 한다.

(용어) 취소1 : 일단 유효한 행위를 하자가 있음을 이유로 소급해서 그 효력을 상실시키는 것을 표시하는 단어이다. 민법은 제한능력의 취소, 착오취소, 사기취소, 강박취소의 4가지 사유만을 인정하고 있다.

(용어) 중대한 과실 : 현저하게 주의의무를 다하지 못하여 일정한 결과의 발생을 인식하지 못해서 결과를 피할 수 없게 되는 행위, 즉 큰 실수에 따른 행위를 표시하는 단어이다.

제110조 (사기, 강박에 의한 의사표시) ① <u>사기나 강박에 의한 의사표시는 취소할 수 있다.</u>
② 상대방 있는 의사표시에 관하여 제3자가 사기나 강박을 행한 경우에는 <u>상대방이 그 사실을 알았거나 알 수 있었을 경우에 한하여</u> 그 의사표시를 <u>취소할 수 있다.</u>
③ 전2항의 의사표시의 취소는 선의의 제3자에게 대항하지 못한다.

(용어) **사기** : 고의로 기망을 해서 동기의 착오를 일으키게 하는 것을 말한다.

(용어) **사기에 의한 의사표시** : 기망을 통해 일어난 동기의 착오 상태에서 한 의사표시를 말한다.

(용어) **강박** : 고의로 강하게 핍박을 해서 공포심을 일으키게 하는 것을 말한다.

(용어) **강박에 의한 의사표시** : 강한 핍박을 통해 일어난 공포심 상태에서 한 의사표시를 말한다.

(용어) **취소1** : 일단 유효한 행위를 하자가 있음을 이유로 소급해서 그 효력을 상실시키는 것을 표시하는 단어이다. 민법은 제한능력의 취소, 착오취소, 사기취소, 강박취소의 4가지 사유만을 인정하고 있다.

> **논점 정리** 제110조 제1항
>
> ◆ 상대방의 사기·강박 : 사기·강박을 한 자와 계약을 체결하게 되는 경우를 말한다. 사기·강박을 한 자가 계약의 상대방이 되므로 결국에는 상대방이 사기·강박을 한 경우가 된다. (乙이 甲에게 사기·강박을 하여 甲과 乙이 계약을 체결하게 된 경우가 이에 속한다.)
>
> ◆ 취소를 하는 경우에 별다른 제한이 없다.
>
> **논점 정리** 제110조 제2항
>
> ◆ 제3자의 사기·강박 : 사기·강박을 한 자가 아닌 사람과 계약을 체결하게 되는 경우를 말한다. 사기·강박을 한 자가 계약의 상대방이 아니므로 결국에는 제3자가 사기·강박을 한 경우가 된다. (丙이 甲에게 사기·강박을 하여 乙과 계약을 체결하게 한 경우가 이에 속한다.)
>
> ◆ 취소를 하는 경우에 제한이 있다. 취소를 하려면 상대방이 사기나 강박으로 의사표시를 했다는 사실을 알았거나 알 수 있었을 경우에 한해서 취소할 수 있다.

> **논점 정리** **알았거나 알 수 있었을 경우에 취소**
> - 1단계 : 상대방이 알았거나 이를 알 수 있었을 경우에 취소할 수 있다.
> - 2단계 : 상대방이 악의 또는 과실이 있는 경우에 취소할 수 있다.
> - 3단계 : 상대방이 선의 그리고 무과실이 있는 경우에는 취소할 수 없다.

> **제111조 (의사표시의 효력발생시기)** ① 상대방이 있는 의사표시는 상대방에게 도달한 때에 그 효력이 생긴다.
> ② 의사표시자가 그 통지를 발송한 후 사망하거나 제한능력자가 되어도 의사표시의 효력에 영향을 미치지 아니한다.

(용어) 효력발생시기 : 효력이 발생하는 시기를 말한다.

(용어) 도달 : 도착한 것을 말한다. 도달이란 사회관념상 내용을 알 수 있는 객관적 상태에 놓였을 때를 지칭하는 것을 말한다. 그 통지를 현실적으로 수령하였거나 그 통지의 내용을 알았을 것까지 필요로 하지 않다.

> **논점 정리** **의사표시의 효력발생**
> ⓐ 원칙 : 의사표시는 원칙적으로 의사가 상대방에게 도달한 때에 효력이 발생한다.
> ⓑ 예외 : 민법에 규정으로 두어 예외적으로 의사표시를 발신한 때 효력이 발생하는 경우도 있다.
>
> **논점 정리** **의사표시의 철회나 변경**
> ⓒ 의사표시의 효력발생 전 : 의사표시는 효력이 발생하기 전까지는 철회나 변경이 가능하다.
> ⓓ 의사표시의 효력발생 후 : 의사표시는 효력이 발생한 후에는 철회나 변경이 불가하다. 다만 상대방의 동의가 있다면 철회나 변경이 가능하다.

> 제112조 (제한능력자에 대한 의사표시의 효력) 의사표시의 상대방이 의사표시를 받은 때에 제한능력자인 경우에는 의사표시자는 그 의사표시로써 대항할 수 없다. 다만, 그 상대방의 법정대리인이 의사표시가 도달한 사실을 안 후에는 <u>그러하지 아니하다</u>.

(용어) 그러하지 아니하다 : 그 의사표시로써 대항할 수 있다.

> 제113조 (의사표시의 공시송달) 표의자가 <u>과실</u> 없이 <u>상대방을 알지 못하거나 상대방의 소재를 알지 못하는 경우</u>에는 의사표시는 민사소송법 <u>공시송달</u>의 규정에 의하여 송달할 수 있다.

(용어) 과실1 또는 알 수 있었을 때 : 주의의무를 다하지 못하여 일정한 결과의 발생을 인식하지 못해서 결과를 피할 수 없게 되는 행위, 즉 실수에 따른 행위를 표시하는 단어이다. 따라서 알 수 있었을 때라는 것도 주의의무를 다하지 못해서 알 수 있었으나 알지 못하게 된 경우로 과실의 다른 표현이다. '過失'라고 표시한다.

(용어) 상대방을 알지 못하는 경우 : 상대방이 누구인지를 모르는 것을 말한다. (甲에게 채무를 변제해야 하나 甲이 사망하여 그의 상속인이 누구인지를 모르는 경우가 이에 속한다.)

(용어) 상대방의 소재를 알지 못하는 경우 : 상대방이 누구인지를 알고 있으나 어디에 있는지를 몰라서 의사표시를 전달하지 못하는 경우를 말한다. (甲에게 알려야 하는데 甲이 행방불명이 된 경우가 이에 속한다.)

(용어) 공시송달 : 법원 게시판에 공개 게시를 하게 되면 의사표시를 보내고 도달했다고 보는 것을 말한다.

제3절 대리

> **논점 정리** 의사표시의 주체
>
> ⓐ 원칙 : 의사표시는 의사를 표시하는 사람이 직접 하면 된다.
> ⓑ 예외 : 의사표시는 의사를 표시하는 자가 직접하는 것 외에 이를 대신해 줄 수도 있다. 이처럼 의사표시를 대신해 주는 자를 민법에서는 대리인이라고 한다. 세무사는 의뢰인을 대신하여 국세청에 세금신고를 대신해 주는 임의대리인이다.

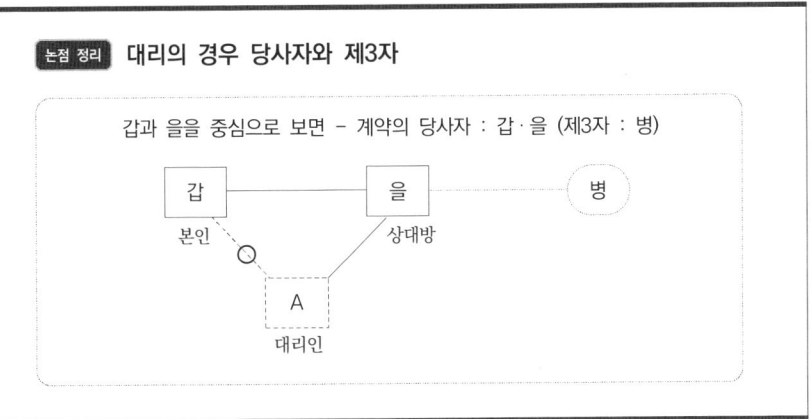

> **제114조 (대리행위의 효력)** ① 대리인이 그 권한 내에서 <u>본인을 위한 것임을 표시한 의사표시는 직접 본인에게 대하여 효력이 생긴다.</u>
> ② 전항의 규정은 대리인에게 대한 제3자의 의사표시에 준용한다.

(용어) 대리 : 의사표시를 대신하는 것을 말한다.

(용어) 대리인 : 의사표시를 대신해 주는 자를 말한다.

(용어) 대리행위 : 대리인이 의사표시를 통해서 대신해 주는 법률행위를 말한다.

(용어) **본인을 위한 것임을 표시한 의사표시** : 대리인이 본인을 위하여 의사표시를 할 수도 있고, 동시에 상대방이 본인을 위한 것임을 표시한 의사표시를 수령할 수도 있다. 세무사가 본인을 대신해 국세청에 세금신고를 해주고, 국세청은 본인에 대한 세금징수에 대한 금액을 세무사에게 보낸다. 대리인은 의사표시를 할 수도 있고, 받을 수도 있다.

(용어) **직접 본인에게 대하여 효력이 생긴다** : 대리인이 대신 한 의사표시는 본인의 의사표시이므로 그 효력은 본인에게 생기게 되는 것을 말한다. 세무사가 신고한 세금신고액은 본인이 세금을 신고한 것으로 효력이 생기고, 세무사가 세금징수에 대한 금액을 국세청으로부터 받으면 본인이 받은 것으로 효력이 생긴다.이 된다.

논점 정리 **본인, 대리인**

ⓐ 본인 : 대리인이 다른 누군가를 위한 법률행위를 하는 경우에 그 법률행위의 '누구'에 해당하는 자가 본인이다.

ⓑ 대리인 : 의사표시를 대신해 주는 자를 말한다.

논점 정리 **대리인의 유형**

ⓒ 임의대리인 : 법률행위에 의하여 선임된 대리인을 표시하는 단어이다.

ⓓ 법정대리인 : 법률의 규정에 의하여 선임된 대리인을 표시하는 단어이다.

제115조 (본인을 위한 것임을 표시하지 아니한 행위) 대리인이 <u>본인을 위한 것임을 표시하지 아니한 때에는 그 의사표시는 자기를 위한 것으로 본다</u>. 그러나 <u>상대방이 대리인으로서 한 것임을 알았거나 알 수 있었을 때에는 전조 제1항의 규정을 준용한다.</u>

(용어) **본인을 위한 것임을 표시** : 대리인이 본인을 위한 의사표시임을 표시하는 것을 말한다.

(용어) **자기를 위한 것으로 본다** : 대리인 자신을 위한 것으로 본다.

(용어) **과실1 또는 알 수 있었을 때** : 주의의무를 다하지 못하여 일정한 결과의 발생을 인식하지 못해서 결과를 피할 수 없게 되는 행위, 즉 실수에 따른 행위를 표시하는 단어이다. 따라서 알 수 있었을 때라는 것도 주의의무를 다하지 못해서 알 수 있었으나 알지 못하게 된 경우로 과실의 다른 표현이다. '過失'라고 표시한다.

(용어) **전조 제1항의 규정을 준용한다** : 직접 본인에게 대하여 효력이 생긴다.

> **논점 정리** 알았거나 알 수 있었을 경우에 본인에게 효력이 발생
> - 1단계 : 상대방이 알았거나 이를 알 수 있었을 때에는 직접 본인에게 대하여 효력이 생긴다.
> - 2단계 : 상대방이 악의 또는 과실이 있을 때에는 직접 본인에게 대하여 효력이 생긴다.
> - 3단계 : 상대방이 선의 그리고 무과실이 있는 때에는 직접 본인에 대하여 효력이 생기지 않는다.

> **제116조 (대리행위의 하자)** ① 의사표시의 효력이 의사의 흠결, 사기, 강박 또는 어느 사정을 알았거나 과실로 알지 못한 것으로 인하여 영향을 받을 경우에 그 사실의 유무는 대리인을 표준하여 결정한다.
> ② 특정한 법률행위를 위임한 경우에 대리인이 본인의 지시에 좇아 그 행위를 한 때에는 본인은 자기가 안 사정 또는 과실로 인하여 알지 못한 사정에 관하여 대리인의 부지를 주장하지 못한다.

(용어) **하자** : 있어야 할 상태나 성질이 결여된 것을 말한다.

(용어) **대리행위에 하자** : 대리행위라는 의사표시에 있어야 할 상태나 성질이 결여된 것을 말한다.

(용어) **흠결** : 있어야 할 일정한 수요에서 부족한 것을 말한다.

(용어) **의사의 흠결** : 표시와 같은 의사가 없음을 말한다. 즉 의사와 표시에 불일치가 생긴 경우를 말한다. (비진의표시, 통정허위표시, 착오가 이에 해당한다.)

(용어) 과실1 또는 알 수 있었을 때 : 주의의무를 다하지 못하여 일정한 결과의 발생을 인식하지 못해서 결과를 피할 수 없게 되는 행위, 즉 실수에 따른 행위를 표시하는 단어이다. 따라서 알 수 있었을 때라는 것도 주의의무를 다하지 못해서 알 수 있었으나 알지 못하게 된 경우로 과실의 다른 표현이다. '過失'라고 표시한다.

(용어) 위임 : 임무를 맡기는 것을 말한다.

(용어) 부지 : 알지 못하였음을 말한다.

제117조 (대리인의 행위능력) 대리인은 행위능력자임을 요하지 아니한다.

(용어) 행위능력자 : 독자적으로 법률행위를 유효하게 할 수 있는 능력을 가진 자를 말한다.

(용어) 행위능력자임을 요하지 아니한다 : 미성년자, 피성년후견인, 피한정후견인도 대리인이 될 수 있음을 말한다.

제118조 (대리권의 범위) 권한을 정하지 아니한 대리인은 다음 각호의 행위만을 할 수 있다.
1. 보존행위
2. 대리의 목적인 물건이나 권리의 성질을 변하지 아니하는 범위에서 그 이용 또는 개량하는 행위

(용어) 권한을 정하지 아니한 대리인 : 대리인으로 선임만하고 권한을 별도로 수여하지 아니한 대리인을 말한다.

(용어) 보존행위 : '물건'을 보호하여 원래 상태를 유지하는 행위를 말한다.

(용어) 성질을 변하지 아니하는 범위에서 그 이용 또는 개량하는 행위 : 재산을 이용하거나 개량하는 행위로 본래의 물건이나 권리의 성질을 변화하지 않는 범위 내의 행위를 말한다. (5억원을 은행에 예치하게 되면 5억원의 현금의 가치는 안정적으로 유지되므로 성질을 변화하지 않는 이용·개량행위에 해당하게 된다.)

(용어) 성질을 변하는 범위에서 그 이용 또는 개량하는 행위 : 본래의 물건이나 권리의 성질을 변화시키는 행위를 말한다. '처분행위'라고도 한다. 이러한 행위는 권한을 정하지 않은 대리인은 스스로 결정할 수가 없다. (5억원으로 주식을 사게 되면 5억원의 현금의 가치는 안정적으로 유지되지 않으므로 성질을 변화하는 이용·개량행위에 해당하게 된다.)

제119조 (각자대리) 대리인이 수인인 때에는 각자가 본인을 대리한다. 그러나 법률 또는 수권행위에 다른 정한 바가 있는 때에는 그러하지 아니하다.

(용어) 그러하지 아니하다 : 각자가 본인을 대리하지 못한다.
(용어) 수권행위 : 임의대리권을 수여하는 행위를 말한다.

제120조 (임의대리인의 복임권) 대리권이 법률행위에 의하여 부여된 경우에는 대리인은 본인의 승낙이 있거나 부득이한 사유있는 때가 아니면 복대리인을 선임하지 못한다.

(용어) 임의대리인 : 자발적인 의사라는 법률행위에 의하여 선임된 대리인을 표시하는 단어이다.
(용어) 복임권 : 다시 선임할 수 있는 권리를 말한다.
(용어) 승낙 : 기존의 행위에 대해서 인정해 주는 것을 표시하는 단어이다.
(용어) 복대리인 : 대리인이 선임한 본인의 대리인을 말한다.

> 제121조 (임의대리인의 복대리인선임의 책임) ① 전조의 규정에 의하여 대리인이 복대리인을 선임한 때에는 본인에게 대하여 그 <u>선임감독에 관한 책임</u>이 있다.
> ② 대리인이 <u>본인의 지명에 의하여 복대리인을 선임</u>한 경우에는 그 <u>부적임</u> 또는 <u>불성실함</u>을 알고 본인에게 대한 통지나 그 해임을 <u>태만</u>한 때가 아니면 책임이 없다.

- (용어) 선임감독에 관한 책임 : 복대리인을 제대로 선임했는지, 선임한 복대리인의 행위를 제대로 감독했는지에 대한 책임을 말한다.
- (용어) 본인의 지명에 의하여 복대리인을 선임 : 본인이 지명한 사람을 대리인이 복대리인으로 선임한 경우를 말한다.
- (용어) 부적임 : 임무에 적합하지 않음을 말한다.
- (용어) 불성실 : 성실하지 않음을 말한다.
- (용어) 태만 : 게으름을 피우는 것을 말한다.

> 제122조 (법정대리인의 복임권과 그 책임) 법정대리인은 그 책임으로 복대리인을 선임할 수 있다. 그러나 부득이한 사유로 인한 때에는 <u>전조 제1항에 정한 책임만이 있다.</u>

- (용어) 전조 제1항에 정한 책임만이 있다 : 본인에게 대하여 그 선임감독에 관한 책임이 있다.

> 제123조 (복대리인의 권한) ① 복대리인은 그 권한내에서 본인을 대리한다.
> ② 복대리인은 본인이나 제3자에 대하여 대리인과 동일한 권리의무가 있다.

> **제124조 (자기계약, 쌍방대리)** 대리인은 본인의 허락이 없으면 <u>본인을 위하여 자기와 법률행위</u>를 하거나 동일한 법률행위에 관하여 <u>당사자 쌍방을 대리하지 못한다.</u> 그러나 채무의 이행은 할 수 있다.

- (용어) 자기계약 또는 자기와 법률행위 : 대리인이 본인을 위하여 대리인 자신과 법률행위를 하는 것을 말한다. '이해상반행위'라고도 한다. (乙로부터 집을 매도해 달라는 부탁을 받은 공인중개사 甲이 그 부동산을 매수하는 경우가 자기계약에 속한다.)

- (용어) 당사자 쌍방 : 계약을 체결한 양쪽 중에서 모두를 표시하는 단어이다.

- (용어) 쌍방대리 또는 당사자 쌍방을 대리 : 당사자 양쪽 모두의 대리인이 되어 법률행위를 하는 것을 말한다. '이해상반행위'라고도 한다. (공인중개사 甲은 乙로부터 집을 팔아달라는 부탁을 받았고, 丙으로부터는 집을 구해달라는 부탁을 받아서, 乙·丙 쌍방의 대리인이 된 경우가 쌍방대리에 속한다.)

> **제125조 (대리권수여의 표시에 의한 표현대리)** 제3자에 대하여 타인에게 <u>대리권을 수여함을 표시</u>한 자는 그 대리권의 범위 내에서 행한 그 타인과 그 제3자간의 법률행위에 대하여 책임이 있다. 그러나 <u>제3자가</u> 대리권 없음을 알았거나 알 수 있었을 때에는 그러하지 아니하다.

- (용어) 표현대리 : 표시되고 나타난 현상이 대리인처럼 보이는 것을 말한다. 즉 실상은 대리권이 없는 무권대리인이다.

- (용어) 수여함을 표시 : 주었다고 표시하는 것을 말한다.

- (용어) 대리권을 수여함을 표시한 자 : 실제로 대리권을 준 적이 없음에도 대리권을 준 것처럼 표시하는 사람을 말한다.

- (용어) 그러하지 아니하다 : 타인과 제3자간의 법률행위에 대하여 책임이 없다.

> **논점 정리** 알았거나 알 수 있었을 경우에 책임이 없다.
> - 1단계 : 제3자가 알았거나 이를 알 수 있었을 때에는 책임이 없다.
> - 2단계 : 제3자가 악의 또는 과실이 있을 때에는 책임이 없다.
> - 3단계 : 제3자가 선의 그리고 무과실이 있는 때에는 책임이 있다.

> **제126조 (권한을 넘은 표현대리)** 대리인이 그 <u>권한 외의 법률행위</u>를 한 경우에 제3자가 그 권한이 있다고 믿을 만한 <u>정당한 이유</u>가 있는 때에는 본인은 그 행위에 대하여 책임이 있다.

(용어) 권한 외의 법률행위 : 권한의 범위를 벗어난 법률행위를 말한다.

(용어) 정당한 이유 : 제3자의 선의 · 무과실을 말한다.

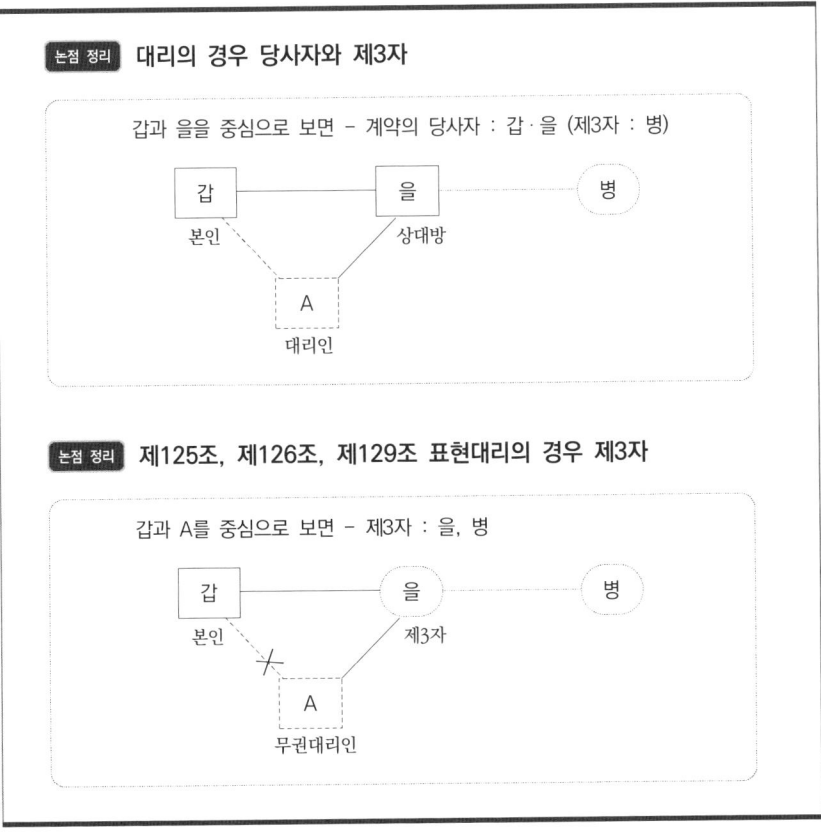

제127조 (대리권의 소멸사유) 대리권은 다음 각 호의 어느 하나에 해당하는 사유가 있으면 소멸된다.
1. 본인의 사망
2. 대리인의 사망, 성년후견의 개시 또는 파산

(용어) 대리권의 소멸 : 대리권이 없어지는 것을 말한다.
(용어) 대리권의 소멸사유 : 대리권이 없어지는 사유를 말한다.

(용어) **성년후견의 개시** : 피성년후견인이 아닌 자가 대리인으로 선임된 후에 피성년후견인이 된 경우를 말한다. 피성년후견인이 대리인이 될 수 있지만, 피성년후견인이 아닌 자가 피성년후견인이 되었다면 대리권은 소멸한다.

제128조 (임의대리의 종료) 법률행위에 의하여 수여된 대리권은 전조의 경우 외에 그 <u>원인된 법률관계의 종료</u>에 의하여 소멸한다. 법률관계의 종료전에 본인이 <u>수권행위를 철회</u>한 경우에도 같다.

(용어) **법률행위에 의하여 수여된 대리권** : 임의대리권을 말한다.

(용어) **원인된 법률관계** : 대리권을 맡기게 된 원인이 된 법률관계를 말한다. 일을 맡기는 위임계약을 말한다.

(용어) **원인된 법률관계의 종료** : 위임계약의 종료를 말한다.

(용어) **철회2** : '상대방 있는 단독행위'에서 자신이 한 의사표시를 거두어 들여서 없던 것으로 되돌리려는 것을 표시하는 단어이다.

(용어) **수권행위의 철회** : 임의대리권을 수여하는 행위를 철회하는 것을 말한다.

[논점 정리] 수권행위의 철회의 단어를 통한 범위의 확장

◆ **수권행위를 계약으로 보는 견해** : 철회의 어원적 의미는 '계약'에서 자신의 의사표시를 거두어 들여서 없던 것으로 되돌리려는 것을 말한다. 그렇기 때문에 수권행위에 철회라는 단어를 붙인 것은 수권행위가 계약을 나타내는 것이라고 주장한다.

◆ **수권행위를 상대방 있는 단독행위로 보는 견해** : 철회는 '계약'뿐만 아니라 '상대방 있는 단독행위'에서 자신의 의사표시를 거두어 들여서 없던 것으로 되돌리려는 것을 말한다. 그렇기 때문에 수권행위에 철회라는 단어를 붙인 것은 수권행위가 상대방 있는 단독행위를 나타내는 것이라고 주장한다. 이 견해가 학계의 통설적 입장이다. 통설의 입장에서 철회의 개념을 판단하기로 한다. 결론적으로 철회는 2가지의 의미로 사용된다.

> **논점 정리** **계약**
- ◆ 철회1 : '계약'에서 자신이 한 의사표시를 거두어 들여서 없던 것으로 되돌리려는 것을 표시하는 단어이다.
>
> **논점 정리** **단독행위**
- ◆ 철회2 : '상대방 있는 단독행위'에서 자신이 한 의사표시를 거두어 들여서 없던 것으로 되돌리려는 것을 표시하는 단어이다.
- ◆ 거절 : '상대방 있는 단독행위'에서 의사표시를 하지 않은 상대방이 의사표시 한 자의 의사를 받아들이지 않고 끊어버리는 것을 표시하는 단어이다.
>
> **논점 정리** **원인된 법률관계만 있는 경우**
- ◆ 의사에게 진료를 받았는데 별도의 처방전이 없는 경우에는 위임계약이라는 원인된 법률관계만이 체결된 경우이다.
>
> **논점 정리** **원인된 법률관계에 수권행위까지 있는 경우**
- ◆ 의사에게 진료를 받고 별도의 처방전이 있는 경우에는 위임계약이라는 원인된 법률관계에 추가로 수권행위계약을 체결된 경우이다. 의사는 우리의 묵시적인 대리권 수여의 의사표시에 의하여 서면으로 약사에게 의사표시를 대신한 것이다.

> **제129조 (대리권소멸후의 표현대리)** 대리권의 소멸은 선의의 제3자에게 대항하지 못한다. 그러나 제3자가 <u>과실</u>로 인하여 그 사실을 알지 못한 때에는 <u>그러하지 아니하다</u>.

- (용어) 과실1 또는 알 수 있었을 때 : 주의의무를 다하지 못하여 일정한 결과의 발생을 인식하지 못해서 결과를 피할 수 없게 되는 행위, 즉 실수에 따른 행위를 표시하는 단어이다. 따라서 알 수 있었을 때라는 것도 주의의무를 다하지 못해서 알 수 있었으나 알지 못하게 된 경우로 과실의 다른 표현이다. '過失'라고 표시한다.
- (용어) 그러하지 아니하다 : 선의의 제3자에게 대항할 수 있다.

> **제130조 (무권대리)** 대리권 없는 자가 타인의 대리인으로 한 계약은 본인이 이를 추인하지 아니하면 본인에 대하여 효력이 없다.

(용어) 무권대리 : 대리권이 없는 것을 말한다.

> **논점 정리** 무권대리행위시 이를 본인이 알고 방치한 경우
>
> ◆ 유권대리 : 무권대리인이 대리인처럼 계약을 체결하는 경우에 본인이 이를 알면서도 방임하였다면 이는 대리권이 없는 자임을 알려줄 고지의무 있는 자가 부작위를 하여 대리권을 수여한 것과 같은 의사표시가 되어버리게 되어 유권대리가 되어 버린다.
>
> **논점 정리** 무권대리행위시 이를 본인이 알지 못한 경우
>
> ◆ 표현대리 : 무권대리인이 대리인처럼 계약을 체결한 경우에 (본인이 이를 몰랐고) 대리인처럼 보이는데 본인의 잘못이 있어서 본인이 책임을 지는 경우를 말한다.
>
> ◆ 무권대리 : 무권대리인이 대리인처럼 계약을 체결한 경우에 (본인이 이를 몰랐고) 대리인처럼 보이는데 본인의 잘못이 없어서 본인이 책임을 지지 않고 무권대리인만이 책임을 지는 경우를 말한다.

(용어) 대리권이 없는 자 : 무권대리인을 말한다.

(용어) 추인2 : 이미 한 일에 대해서 찬성함을 표시하는 단어이다. 유동적 무효의 추인이 있다. 이 추인은 소급한다.

> **제131조 (상대방의 최고권)** 대리권 없는 자가 타인의 대리인으로 계약을 한 경우에 상대방은 상당한 기간을 정하여 본인에게 그 추인여부의 확답을 최고할 수 있다. 본인이 그 기간 내에 확답을 발하지 아니한 때에는 추인을 거절한 것으로 본다.

(용어) 추인2 : 이미 한 일에 대해서 찬성함을 표시하는 단어이다. 유동적 무효의 추인이 있다. 이 추인은 소급한다.

- (용어) 확답을 최고 : 확답을 달라고 재촉하는 것을 말한다.
- (용어) 추인을 거절 : 이미 한 일에 대해서 찬성을 거절하는 것을 말한다.

> **논점 정리** 확답을 발하지 아니한 때
> ◆ 현 상태를 유지하려고 함 : 기존의 무효였던 계약을 계속 유지하고자 추인을 거절한 것으로 본다.

> **제132조 (추인, 거절의 상대방)** 추인 또는 거절의 의사표시는 <u>상대방에 대하여 하지 아니하면</u> 그 상대방에 대항하지 못한다. 그러나 상대방이 그 사실을 안 때에는 <u>그러하지 아니하다.</u>

- (용어) 추인2 : 이미 한 일에 대해서 찬성함을 표시하는 단어이다. 유동적 무효의 추인이 있다. 이 추인은 소급한다.
- (용어) 거절 : 여기서 거절의 의미는 '추인거절'의 의미이다. 추인을 거절하는 것을 말한다.
- (용어) 상대방에 대하여 하지 아니하면 : 의사표시를 상대방이 아니라 무권대리인에 한 경우를 말한다.
- (용어) 그러하지 아니하다 : 상대방에게 대항할 수 있다.
- (용어) 상대방이 그 사실을 안 때에는 그러하지 아니하다 : 본인이 추인 또는 추인거절의 의사표시를 무권대리인에게 했다는 것을 상대방이 안 때에는 상대방에게 대항할 수 있다.

> **제133조 (추인의 효력)** <u>추인</u>은 다른 의사표시가 없는 때에는 <u>계약시에 소급하여 그 효력이 생긴다.</u> 그러나 제3자의 권리를 해하지 못한다.

- (용어) 추인2 : 이미 한 일에 대해서 찬성함을 표시하는 단어이다. 유동적 무효의 추인이 있다. 이 추인은 소급한다.
- (용어) 소급 : 거슬러 올라가 미치는 것을 말한다. '처음부터'라고도 한다.

(용어) 계약시에 소급하여 그 효력이 생긴다 : 계약을 체결한 때로 거슬러 올라가 추인의 효력이 생기는 것을 말한다. (4월 15일에 있었던 무권대리인 乙의 행위를 甲이 4월 30일에 추인을 하였다면 4월 15일로 소급하여 효력이 생긴다.)

> **제134조 (상대방의 철회권)** 대리권 없는 자가 한 계약은 본인의 추인이 있을 때까지 상대방은 본인이나 그 대리인에 대하여 이를 철회할 수 있다. 그러나 계약당시에 상대방이 대리권 없음을 안 때에는 그러하지 아니하다.

(용어) 추인2 : 이미 한 일에 대해서 찬성함을 표시하는 단어이다. 유동적 무효의 추인이 있다. 이 추인은 소급한다.

(용어) 철회1 : '계약'에서 자신이 한 의사표시를 거두어 들여서 없던 것으로 되돌리려는 것을 표시하는 단어이다.

(용어) 그러하지 아니하다 : 철회할 수 없다.

> **제135조 (상대방에 대한 무권대리인의 책임)** ① 다른 자의 대리인으로서 계약을 맺은 자가 그 대리권을 증명하지 못하고 또 본인의 추인을 받지 못한 경우에는 그는 상대방의 선택에 따라 계약을 이행할 책임 또는 손해를 배상할 책임이 있다.
> ② 대리인으로서 계약을 맺은 자에게 대리권이 없다는 사실을 상대방이 알았거나 알 수 있었을 때 또는 대리인으로서 계약을 맺은 사람이 제한능력자일 때에는 제1항을 적용하지 아니한다.

(용어) 추인2 : 이미 한 일에 대해서 찬성함을 표시하는 단어이다. 유동적 무효의 추인이 있다. 이 추인은 소급한다.

(용어) 상대방의 선택 : 선택권이 상대방에게 있음을 말한다.

(용어) 제1항을 적용하지 아니한다 : 계약을 이행할 책임 또는 손해를 배상할 책임이 없다.

> **논점 정리** **선택권의 주체**
> ⓐ 원칙 : 민법은 선택권을 원칙적으로 채무자에게 부여하고 있다.
> ⓑ 예외 : 무권대리의 경우 계약을 이행할 책임 또는 손해를 배상할 책임에 대한 선택권을 예외적으로 채권자인 상대방에게 부여하고 있다.

> **제136조 (단독행위와 무권대리)** 단독행위에는 그 행위당시에 상대방이 대리인이라 칭하는 자의 대리권 없는 행위에 동의하거나 그 대리권을 다투지 아니한 때에 한하여 전6조의 규정을 준용한다. 대리권 없는 자에 대하여 그 동의를 얻어 단독행위를 한 때에도 같다.

제4절 무효와 취소

> 제137조 (법률행위의 일부무효) 법률행위의 일부분이 무효인 때에는 그 전부를 무효로 한다. 그러나 그 무효부분이 없더라도 법률행위를 하였을 것이라고 인정될 때에는 나머지 부분은 무효가 되지 아니한다.

> 제138조 (<u>무효행위의 전환</u>) 무효인 법률행위가 다른 법률행위의 요건을 구비하고 당사자가 그 무효를 알았더라면 다른 법률행위를 하는 것을 의욕하였으리라고 인정될 때에는 다른 법률행위로서 효력을 가진다.

(용어) 전환 : 바꾸는 것을 말한다.

(용어) 무효행위의 전환 : 무효인 행위를 다른 행위로 바꾸는 것을 말한다. (타인의 자식을 입양신고를 하지 않고 친생자로 출생신고를 했다면 이는 무효인 신고이다. 하지만 입양신고의 요건을 구비하고 친생자 출생신고가 무효임을 알았더라면 입양신고를 하였으리라 인정될 때에는 기존의 출생신고는 유효한 입양신고가 된다.)

> 제139조 (무효행위의 추인) 무효인 법률행위는 <u>추인</u>하여도 그 효력이 생기지 아니한다. 그러나 당사자가 그 무효임을 알고 추인한 때에는 새로운 법률행위로 본다.

(용어) 추인3 : 이미 한 일에 대해서 찬성함을 표시하는 단어이다. 확정적 무효의 추인이 있다. 이 추인은 소급하지 않는다.

> **논점 정리** 무효행위의 추인 vs 무효행위의 전환
> ◆ 무효행위의 추인 : 기존의 무효행위 자체에 대하여 찬성하는 것을 말한다.
> ◆ 무효행위의 전환 : 기존의 행위를 다른 행위로 바꾸는 것을 말한다.

제140조 (법률행위의 취소권자) 취소할 수 있는 법률행위는 제한능력자, 착오로 인하거나 사기·강박에 의하여 의사표시를 한 자, 그의 대리인 또는 승계인만이 취소할 수 있다.

(용어) 취소1 : 일단 유효한 행위를 하자가 있음을 이유로 소급해서 그 효력을 상실시키는 것을 표시하는 단어이다. 민법은 제한능력의 취소, 착오취소, 사기취소, 강박취소의 4가지 사유만을 인정하고 있다.

(용어) 취소권자 : 취소 1에서 취소할 수 있는 권한이 있는 자를 표시하는 단어이다.

(용어) 승계인 : 권리와 의무를 이어받은 사람을 말한다. 상속인은 피상속인의 권리와 의무를 포괄적으로 승계함으로 포괄승계인이다.

제141조 (취소의 효과) 취소된 법률행위는 처음부터 무효인 것으로 본다. 다만, 제한능력자는 그 행위로 인하여 받은 이익이 현존하는 한도에서 상환(償還)할 책임이 있다.

(용어) 취소1 : 일단 유효한 행위를 하자가 있음을 이유로 소급해서 그 효력을 상실시키는 것을 표시하는 단어이다. 민법은 제한능력의 취소, 착오취소, 사기취소, 강박취소의 4가지 사유만을 인정하고 있다.

(용어) 처음부터 : 소급을 말한다.

(용어) 상환 : 돌려주는 것을 말한다.

> **논점 정리** 취소를 하면 처음부터 무효가 된다.

ⓐ 취소권자는 정해져 있다 : 취소권자만이 취소권을 행사할 수 있다.

ⓑ 취소의 상대방도 정해져 있다 : 취소는 상대방에 대한 의사표시로 하여야 한다.

ⓒ 취소의 효과 : 취소를 하게 되면 법률행위는 처음부터 무효인 것으로 되기 때문에 취소 이후부터는 무효인 법리가 적용된다.

> **논점 정리** 취소를 하면 처음부터 무효가 되어 무효의 4원칙이 적용된다.

ⓓ 무효는 누구나 주장 : 누구나 무효를 주장할 수 있다 보니 귀책사유 있는 자도 무효를 주장할 수 있다.

ⓔ 주장하는 사람이 증명 : 누구나 무효를 주장할 수 있다 보니 주장하는 사람이 무효에 해당함을 증명해야 한다.

ⓕ 누구에게나 주장 : 누구에게나 무효를 주장할 수 있다. 당사자간에는 물론이고, 이런 사실을 알고 있는 제3자, 모르는 제3자에게도 주장할 수 있다.

ⓖ 부당이득반환청구 : 무효가 되었기에 아직 이행하지 않은 것이 있으면 이행할 필요가 없고, 이미 이행한 것이 있으면 부당이득반환청구가 가능하다.

제142조 (취소의 상대방) 취소할 수 있는 법률행위의 상대방이 확정한 경우에는 그 취소는 그 상대방에 대한 의사표시로 하여야 한다.

(용어) 취소1 : 일단 유효한 행위를 하자가 있음을 이유로 소급해서 그 효력을 상실시키는 것을 표시하는 단어이다. 민법은 제한능력의 취소, 착오취소, 사기취소, 강박취소의 4가지 사유만을 인정하고 있다.

> 제143조 (추인의 방법, 효과) ① 취소할 수 있는 법률행위는 제140조에 규정한 자가 추인할 수 있고 추인 후에는 취소하지 못한다.
> ② 전조의 규정은 전항의 경우에 준용한다.

- (용어) 취소1 : 일단 유효한 행위를 하자가 있음을 이유로 소급해서 그 효력을 상실시키는 것을 표시하는 단어이다. 민법은 제한능력의 취소, 착오취소, 사기취소, 강박취소의 4가지 사유만을 인정하고 있다.
- (용어) 제140조에 규정한 자 : 제한능력자, 착오로 인하거나 사기·강박에 의하여 의사표시를 한 자, 그의 대리인 또는 승계인을 말한다.
- (용어) 추인1 : 이미 한 일에 대해서 찬성함을 표시하는 단어이다. 유동적 유효의 추인이 있다. 이 추인은 소급하지 않는다.
- (용어) 전조의 규정은 전항의 경우에 준용한다 : 취소할 수 있는 법률행위의 상대방이 확정한 경우에는 그 추인은 그 상대방에 대한 의사표시로 하여야 한다.

> 제144조 (추인의 요건) ① 추인은 취소의 원인이 소멸된 후에 하여야만 효력이 있다.
> ② 제1항은 법정대리인 또는 후견인이 추인하는 경우에는 적용하지 아니한다.

- (용어) 추인1 : 이미 한 일에 대해서 찬성함을 표시하는 단어이다. 유동적 유효의 추인이 있다. 이 추인은 소급하지 않는다.
- (용어) 취소1 : 일단 유효한 행위를 하자가 있음을 이유로 소급해서 그 효력을 상실시키는 것을 표시하는 단어이다. 민법은 제한능력의 취소, 착오취소, 사기취소, 강박취소의 4가지 사유만을 인정하고 있다.
- (용어) 취소의 원인 : 제한능력, 착오, 사기, 강박이 취소의 원인이다.
- (용어) 취소의 원인이 소멸된 후 : 제한능력에서 능력자로 바뀐 때, 착오, 사기, 강박에서 벗어난 때를 말한다.
- (용어) 적용하지 아니한다 : 취소의 원인이 소멸된 후에 하여야만 추인의 효력이 있는 것은 아니다. 취소의 원인이 소멸되기 전에 하여도 추인의 효력이 있다.

(용어) **법정대리인 또는 후견인이 추인하는 경우에는 적용하지 아니한다** : 법정대리인 또는 후견인이 추인하는 경우에는 취소의 원인이 소멸되기 전에 하여도 추인의 효력이 있다.

> **제145조 (법정추인)** 취소할 수 있는 법률행위에 관하여 전조의 규정에 의하여 추인할 수 있는 후에 다음 각호의 사유가 있으면 추인한 것으로 본다. 그러나 이의를 보류한 때에는 그러하지 아니하다.
> 1. 전부나 일부의 이행
> 2. 이행의 청구
> 3. 경개
> 4. 담보의 제공
> 5. 취소할 수 있는 행위로 취득한 권리의 전부나 일부의 양도
> 6. 강제집행

(용어) **법정추인** : 법률의 규정에 의한 일정한 사유발생시 추인의 효력이 발생하는 것을 말한다.

(용어) **취소1** : 일단 유효한 행위를 하자가 있음을 이유로 소급해서 그 효력을 상실시키는 것을 표시하는 단어이다. 민법은 제한능력의 취소, 착오취소, 사기취소, 강박취소의 4가지 사유만을 인정하고 있다.

(용어) **추인1** : 이미 한 일에 대해서 찬성함을 표시하는 단어이다. 유동적 유효의 추인이 있다. 이 추인은 소급하지 않는다.

(용어) **이행의 청구** : 채무자가 채무의 이행을 하도록 청구하는 것을 표시하는 단어이다.

(용어) **경개** : 구채무는 소멸시키고 신채무를 성립시키는 것을 말한다. (기존의 빌려간 돈에 이자까지 받아야 하는 상황인데, 그냥 빌려간 돈만 갚는 것으로 다시 계약을 체결하는 경우, 빌려간 돈에 이자를 받는 구채무는 사라지고, 빌려간 돈만 받는 새로운 채무가 성립되었다.)

(용어) 강제집행 : 법원으로부터 집행권원을 받아서 타인의 재산을 국가기관의 강제력을 동원하여 정당한 법적 진행을 하는 것을 말한다.

제146조 (**취소권의 소멸**) 취소권은 <u>추인할 수 있는 날로부터</u> 3년 내에 법률행위를 한 날로부터 10년내에 행사하여야 한다.

(용어) 취소권 : 취소 1에서 일단 유효한 행위를 하자가 있음을 이유로 소급해서 그 효력을 상실시키는 권리를 표시하는 단어이다.

(용어) 취소권의 소멸 : 취소권이 없어진 것을 말한다.

(용어) 추인1 : 이미 한 일에 대해서 찬성함을 표시하는 단어이다. 유동적 유효의 추인이 있다. 이 추인은 소급하지 않는다.

(용어) 추인할 수 있는 날로부터 : 취소의 원인이 소멸된 후 부터를 말한다.

제5절 조건과 기한

> **논점 정리** 법률행위

ⓐ 원칙은 즉시 효력이 발생 : 甲이 乙에게 아이스크림을 사주기로 약속을 했다면 甲과 乙간에 증여계약이 성립하고, 乙은 甲에게 '즉시' 아이스크림 먹으러 가자고 할 수 있다.

> **논점 정리** 법률행위에 조건이 붙은 경우

ⓑ 의의 : 조건이란 법률행위의 효력발생 또는 소멸을 장래에 발생할 것이 불확실한 사실에 의존하게 의사표시를 말한다.

ⓒ 유형 : 甲이 乙에게 시험에 합격하면 아이스크림을 사주기로 약속을 했다면 甲과 乙의 증여계약이 성립하지만, 시험에 합격한 후에 乙은 甲에게 아이스크림 먹으러 가자고 할 수 있다. 시험에 합격하는 효력의 발생은 장래에 발생할 것이 불확실한 사실에 해당하므로 이는 증여계약에 조건이 붙은 경우가 된다.

> **논점 정리** 법률행위에 기한이 붙은 경우

ⓓ 의의 : 기한이란 법률행위의 효력발생 또는 소멸을 장래에 발생할 것이 확실한 사실에 의존하게 의사표시를 말한다.

ⓔ 유형 : 甲과 乙이 4. 16. 아이스크림을 사주기로 약속을 했다면 甲과 乙의 증여계약은 4. 7.에 성립하지만, 4. 16.에 乙은 甲에게 아이스크림 먹으러 가자고 할 수 있다. 4. 16.일이 도래하는 것은 장래에 발생할 것이 확실한 사실에 해당하므로 이는 증여계약에 기한이 붙은 경우가 된다.

제147조 (조건성취의 효과) ① 정지조건 있는 법률행위는 조건이 성취한 때로부터 그 효력이 생긴다.
② 해제조건 있는 법률행위는 조건이 성취한 때로부터 그 효력을 잃는다.
③ 당사자가 조건성취의 효력을 그 성취 전에 소급하게 할 의사를 표시한 때에는 그 의사에 의한다.

(용어) 조건2 : 법률행위의 부관으로서 법률행위의 발생·소멸을 장래에 발생할 것이 불확실한 사실에 의존하게 하는 것을 표시하는 단어이다.

(용어) 정지조건 : 정지조건이 걸려 있다면 조건이 성취될 때까지 잠시 멈추었다가 조건이 성취되면 기존의 계약이 진행되는 효과가 생긴다. (시험에 합격하면 아이스크림을 사주겠다는 의사표시는 정지조건부 증여계약이다.)

(용어) 조건이 성취 : 조건이 성취되는 것을 말한다.

(용어) 해제 : 기존의 계약을 풀어서 제거하는 것을 말한다. 기존의 계약이 처음부터 없어지는 효과가 생긴다.

(용어) 해제조건 : 해제조건이 걸려 있다면 조건이 성취될 때까지 계속 계약을 이행하다가 조건이 성취되면 기존의 계약이 처음부터 없어지는 효과가 생긴다. (시험에 합격하기 전까지 아이스크림을 사주겠다는 의사표시는 해제조건부 증여계약이다.)

제148조 (조건부권리의 침해금지) 조건 있는 법률행위의 당사자는 조건의 성부가 미정한 동안에 조건의 성취로 인하여 생길 상대방의 이익을 해하지 못한다.

(용어) 조건2 : 법률행위의 부관으로서 법률행위의 발생·소멸을 장래에 발생할 것이 불확실한 사실에 의존하게 하는 것을 표시하는 단어이다.

(용어) 성부 : 이루어지거나 이루어지지 않은 경우를 말한다.

(용어) 조건의 성부 : 조건이 이루어지거나 이루어지지 않은 경우를 말한다.

(용어) 미정 : 정해지지 않은 것을 말한다.

(용어) 조건의 성부가 미정한 동안 : 조건이 이루어지거나 이루어지지 않음이 정해지지 않은 동안을 말한다.

제149조 (조건부권리의 처분 등) 조건의 성취가 미정한 권리의무는 일반규정에 의하여 처분, 상속, 보존 또는 담보로 할 수 있다.

(용어) 조건2 : 법률행위의 부관으로서 법률행위의 발생·소멸을 장래에 발생할 것이 불확실한 사실에 의존하게 하는 것을 표시하는 단어이다.

제150조 (조건성취, 불성취에 대한 반신의행위) ① 조건의 성취로 인하여 불이익을 받을 당사자가 신의성실에 반하여 조건의 성취를 방해한 때에는 상대방은 그 조건이 성취한 것으로 주장할 수 있다.
② 조건의 성취로 인하여 이익을 받을 당사자가 신의성실에 반하여 조건을 성취시킨 때에는 상대방은 그 조건이 성취하지 아니한 것으로 주장할 수 있다.

(용어) 조건2 : 법률행위의 부관으로서 법률행위의 발생·소멸을 장래에 발생할 것이 불확실한 사실에 의존하게 하는 것을 표시하는 단어이다.

(용어) 반신의행위 : 신의성실에 반하는 행위를 말한다.

제151조 (불법조건, 기성조건) ① 조건이 선량한 풍속 기타 사회질서에 위반한 것인 때에는 그 법률행위는 무효로 한다.
② 조건이 법률행위의 당시 이미 성취한 것인 경우에는 그 조건이 정지조건이면 조건없는 법률행위로 하고 해제조건이면 그 법률행위는 무효로 한다.
③ 조건이 법률행위의 당시에 이미 성취할 수 없는 것인 경우에는 그 조건이 해제조건이면 조건없는 법률행위로 하고 정지조건이면 그 법률행위는 무효로 한다.

(용어) 조건2 : 법률행위의 부관으로서 법률행위의 발생·소멸을 장래에 발생할 것이 불확실한 사실에 의존하게 하는 것을 표시하는 단어이다.

(용어) 불법 : 불법조건에서 불법은 불법행위의 불법이 아니라 '사회질서에 반하는 것'을 말한다.

(용어) 불법조건 : 사회질서에 반하는 조건을 말한다.

(용어) 조건없는 법률행위로 한다 : 조건이 붙지 않은 법률행위가 되는 것을 말한다.

제152조 (기한도래의 효과) ① <u>시기 있는 법률행위</u>는 기한이 도래한 때로부터 그 효력이 생긴다.
② <u>종기 있는 법률행위</u>는 기한이 도래한 때로부터 그 효력을 잃는다.

(용어) 시기 있는 법률행위 : 기한이 도래한 때로부터 효력이 생기는 법률행위를 말한다.

(용어) 종기 있는 법률행위 : 기한이 도래한 때로부터 효력을 상실하는 법률행위를 말한다.

제153조 (기한의 이익과 그 포기) ① 기한은 채무자의 이익을 위한 것으로 추정한다.
② 기한의 이익은 이를 포기할 수 있다. 그러나 상대방의 이익을 해하지 못한다.

(용어) 기한의 이익 : 기한이 도래하지 않음으로써 당사자가 받는 이익을 말한다. (돈을 빌리면서 1년 후에 갚기로 한 경우, 1년 동안은 돈을 갚지 않아도 되는 이익이 있다.)

(용어) 포기 : 권리나 자격을 쓰지 않기로 하는 것을 표시하는 단어이다.

(용어) 기한의 이익의 포기 : 기한이 도래하지 않음으로써 당사자가 받는 이익을 쓰지 않기로 하는 것을 말한다. 즉 이행기가 도래하게 된다. (돈을 빌리면서 1년 후에 갚기로 한 경우, 1년 동안 돈을 갚지 않아도 되는 이익을 포기하게 되면 바로 돈을 갚아야 한다.)

제154조 (기한부권리와 준용규정) 제148조와 제149조의 규정은 기한 있는 법률행위에 준용한다.

(용어) 기한부 권리 : 기한이 붙어 있는 권리를 말한다.

제6장 기간

> 제155조 (본장의 적용범위) 기간의 계산은 법령, 재판상의 처분 또는 법률행위에 다른 정한 바가 없으면 본장의 규정에 의한다.

(용어) 기간 : 기한과 기한 사이를 말한다.

(용어) 기간의 계산 : 기한을 정하고 기간이 있는 경우에 계산을 말한다.

(용어) 본장 : 제6장을 말한다.

[논점 정리] 기간의 계산방법

ⓐ 정산계산·역산계산 : 기간의 계산은 정산계산과 역산계산 2가지가 있다. 정산계산은 기한을 정하고 이에 대해 기간을 더하는 것이고, 역산계산은 기한을 정하고 이에 대해 기간을 빼는 것을 말한다. 정산계산 방법은 민법에 규정을 두었지만, 역산계산 방법은 민법에 규정을 두지 않았다.

ⓑ 자연적 계산방법 : 자연스러운 덧셈과 뺄셈을 하는 방식으로 계산하는 방법을 말한다.

ⓒ 역법적 계산방법 : 달력으로 하는 계산방법을 말한다.

[논점 정리] 정산계산

ⓓ 정산계산 : 정상적으로 계산을 하는 경우를 말한다. (4월 16일부터 9일 후 아이스크림을 사주는 약속을 하는 경우가 이에 속한다.)

[논점 정리] 역산계산

ⓔ 역산계산 : 거꾸로 즉 역으로 계산을 하는 경우를 말한다. (5월 25일부터 7일 전에 사원총회 소집을 통지해야 하는 경우가 이에 속한다.)

> 제156조 (기간의 기산점) <u>기간을 시, 분, 초로 정한 때에는 즉시로부터 기산한다.</u>

- (용어) 기간을 시, 분, 초로 정한 때 : 시, 분, 초 단위만으로 기간을 정한 때를 말한다. (지금부터 13시간 48분 후가 이에 속한다.) 이를 자연적 계산방법이라고 한다.
- (용어) 즉시로부터 기산한다 : 5. 14. 10시 24분부터 3시간 후라고 한다면 10시 24분부터 계산을 해야 하는 것을 말한다.

> 제157조 (기간의 기산점) <u>기간을 일, 주, 월 또는 연으로 정한 때에는 기간의 초일은 산입하지 아니한다. 그러나 그 기간이 오전 영시로부터 시작하는 때에는 그러하지 아니하다.</u>

- (용어) 기간을 일, 주, 월, 연으로 정한 때 : 일, 주, 월, 연의 단위만으로 기간을 정한 때를 말한다. (지금부터 1개월 하고도 2일 후가 이에 속한다.)
- (용어) 초일은 산입하지 아니한다 : 첫날은 산입하지 않는 것을 말한다. (5월 14일 10시에 2일 후에 갚기로 약속을 했다면 초일인 14일은 산입하지 않고 15일부터 기산한다.)
- (용어) 오전 영시 : 새벽 0시를 말한다.
- (용어) 그러하지 아니하다 : 초일을 산입한다.
- (용어) 기간이 오전 영시부터 시작하는 때에는 그러하지 아니하다 : 새벽 0시부터 시작하는 경우에는 초일은 산입하여 계산한다. (5월 14일 10시에 2일 후에 갚기로 약속을 했다면 15일은 0시부터 시작하므로 15일은 산입하고 계산을 하면 된다.)

> 제158조 (나이의 계산과 표시) 나이는 출생일을 산입하여 <u>만(滿)</u> 나이로 계산하고, <u>연수(年數)</u>로 표시한다. 다만, <u>1세에 이르지 아니한 경우에는 월수(月數)</u>로 표시할 수 있다.

(용어) 만(滿) 나이 : 만(滿)이라는 것은 가득 찬이라는 뜻으로 만 나이란 1년이 가득차야 1살이 된다는 것을 말한다.

(용어) 연수로 표시 : 태어난 지 1년 7개월이 된 경우 만 나이로 1살이라고 표시하고 연수만 표시하기 때문에 1년 뒤에 7개월이라는 개월 수는 표시는 하지 않는다.

(용어) 1세에 이르지 아니한 경우에는 월수로 표시 : 태어난 지 7개월이 된 경우에는 만 나이로 표시하기가 어려워서 7개월이라고 개월 수로 표시한다.

제159조 (기간의 만료점) 기간을 일, 주, 월 또는 연으로 정한 때에는 <u>기간말일의 종료로 기간이 만료한다.</u>

(용어) 종료 : 끝나는 시점을 말한다.

(용어) 기간말일의 종료 : 기간이 끝나는 마지막 날의 종료를 말한다. 즉 24시, 오후 12시를 말한다. (5월 14일 10시부터 2일 후라면 5월 16일 오후 12시, 5월 16일 24시, 5월 17일 0시에 기간이 만료한다.)

제160조 (역에 의한 계산) ① 기간을 주, 월 또는 연으로 정한 때에는 역에 의하여 계산한다.
② 주, 월 또는 연의 처음으로부터 기간을 기산하지 아니하는 때에는 최후의 주, 월 또는 연에서 그 기산일에 해당한 날의 전일로 기간이 만료한다.
③ 월 또는 연으로 정한 경우에 <u>최종의 월에 해당일이 없는 때에는 그 월의 말일로 기간이 만료한다.</u>

(용어) 역 : 달력을 말한다.

(용어) 역에 의한 계산 : 달력에 의한 계산을 말한다. 이를 역법적 계산방법이라고 한다.

(용어) 최종의 월에 해당일이 없는 때에는 그 월의 말일로 기간이 만료한다 : 5월 31일부터 1개월 후라고 하면 6월 31일을 말하는데, 6월 달은 31일이 없으므로 6월의 말일인 30일로 만료하게 된다.

제161조 (공휴일 등과 기간의 만료점) 기간의 말일이 토요일 또는 공휴일에 해당한 때에는 기간은 그 익일로 만료한다.

(용어) 공휴일 : 일요일, 국경일, 임시공휴일을 말한다.

(용어) 익일 : 다음날을 말한다.

> **논점 정리** 하루를 24시간 단위로 계산하는 경우

ⓐ 오전·오후를 쓰지 않는다 : 하루를 24시간 단위로 계산하는 경우에는 오전, 오후라는 말을 붙이지 않는다. 오전 2시는 그냥 2시라고 표현하고, 오후 2시는 14시로 표현하면 되기 때문이다.

ⓑ 낮 12시 : 12시라고 표현해야 맞는 표현이다.

ⓒ 밤 12시 : 24시라고 표현해야 맞는 표현이다.

> **논점 정리** 하루를 12시간 단위로 계산하는 경우

ⓓ 오전·오후를 쓴다 : 하루를 12시간 단위로 계산하는 경우에는 오전, 오후라는 말을 붙여야 한다. 같은 2시도 오전 2시, 오후 2시로 표현해야 비로소 구분된다. 12시간 단위로 계산하는 경우에 0시부터 시작하고 12시가 만료시간이 되고, 12시가 경과되면 다시 0시부터 시작하고 12시까지가 만료시간이다. 따라서 오후 12시 30분이라는 표현은 잘못된 표현이고 오후 0시, 오후 0시 30분으로 표현해야 맞는 표현이다. 오후 12시 59분 이후에 오후 1시라고 읽는 것은 이상하지만 오후 0시 59분 이후에 오후 1시라고 읽는 것은 이상하지 않다.

ⓔ 시계 계산법 : 시계는 12시간 간격으로 유지되기 때문에 하루를 12시간 단위로 계산하는 것은 시계를 보면서 시간을 말하는 방식이다.

ⓕ 낮 12시 : 오전 0시 30분(새벽 0시 30분), 오전 1시, 오전 11시라고 표현한다. 그렇다면 오전 11시 59분 이후에 1분이 경과하면 오전 12시가 된다. 낮 12시는 오전 12시라고 표현해야 맞는 표현이다.

ⓖ 밤 12시 : 오전 12시가 경과하면 오후로 바뀌어야 한다. 오후 0시 1분(낮 12시 1분), 오후 1시, 오후 11시라고 표현한다. 그렇다면 오후 11시 59분 이후에 1분이 경과하면 오후 12시가 된다. 오후 12시라고 표현해야 맞는 표현이다.

> **논점 정리** 우리는 왜 시간을 잘못 표현하게 되었는가?

ⓐ 어렸을 때 배운 시계 보는 법 때문이다 : 아날로그 시계 보는 방법이 잘못되었기 때문이다. '시'를 나타내는 바늘인 '시침'이 숫자 사이에 있으면 왼쪽의 숫자를 읽으면 된다고 배웠다. '시침'이 2시와 3시 사이에 있다면 2시이다. 이렇게 배웠던 것 때문에 '시침'이 12시와 1시 사이에 있으면 12시가 되었고, 오후 12시 30분이라는 잘못된 표현이 나오게 되었다.

ⓑ 낮 12시를 오후 12시로 착각한 이유 : 낮 12시 즉 오전 12시가 지나면 오후 0시 1분이라고 표현해야 함에도 위에서 배운 대로 오후 12시 1분이라고 표현하고 오후 0시 30분도 오후 12시 30분이라고 표현한다. 그러다보니 낮 12시를 오후 12시라고 착각하게 된 것이다.

제7장 소멸시효

제162조 (채권, 재산권의 소멸시효) ① 채권은 10년간 행사하지 아니하면 <u>소멸시효가 완성</u>한다.
② <u>채권 및 소유권 이외의 재산권</u>은 20년간 행사하지 아니하면 소멸시효가 완성한다.

- (용어) 소멸시효 : 권리를 행사하지 않고 일정한 시간이 지나면 권리가 소멸하는 것을 말한다.

- (용어) 소멸시효가 완성 : 권리를 행사하지 않고 일정한 시간이 지나면 권리가 소멸하는 것이 완성되어 권리가 소멸한 것을 말한다. 권리가 소멸한 채권자는 더 이상 권리를 행사하지 못하게 된다. '시효의 완성'이라고도 한다.

- (용어) 채권 및 소유권 이외의 재산권 : 채권은 완전히 제외하고, 물권 중에서 소유권을 제외한 재산권인 지상권과 지역권만을 말한다.

제163조 (3년의 <u>단기소멸시효</u>) 다음 각호의 채권은 3년간 행사하지 아니하면 소멸시효가 완성한다.
1. 이자, 부양료, <u>급료</u>, <u>사용료</u> 기타 1년 이내의 기간으로 정한 금전 또는 물건의 <u>지급</u>을 목적으로 한 채권
2. 의사, <u>조산사</u>, 간호사 및 약사의 치료, 근로 및 조제에 관한 채권
3. <u>도급받은 자</u>, 기사 기타 공사의 설계 또는 감독에 종사하는 자의 공사에 관한 채권
4. 변호사, <u>변리사</u>, 공증인, 공인회계사 및 법무사에 대한 직무상 보관한 서류의 반환을 청구하는 채권
5. 변호사, 변리사, 공증인, 공인회계사 및 법무사의 직무에 관한 채권
6. 생산자 및 상인이 판매한 생산물 및 상품의 대가
7. 수공업자 및 제조자의 업무에 관한 채권

(용어) **단기소멸시효** : 채권에 대한 소멸시효의 기준이 10년이므로 이보다 짧은 소멸시효기간을 단기소멸시효라 말한다.

(용어) **부양료** : 부양의무의 이행을 위해 드는 돈을 말한다.

(용어) **급료** : 노무에 대하여 치르는 보수를 말한다.

(용어) **사용료** : 사용을 하고 내는 돈을 말한다.

(용어) **지급** : 금전이 상대방에게 넘어가는 현상을 표시하는 단어이다. ('금전 또는 물건의 지급'이라는 문구에 '금전'이라는 단어가 포함되면 '지급'이라는 단어를 사용한다.)

(용어) **조산사** : 출산과 출산 후를 도와주는 사람을 말한다.

(용어) **도급** : 많은 일을 하나로 정리해서 주는 것을 말한다.

(용어) **도급받은 자** : 도급계약상의 일을 맡은 자를 말한다. '수급인'이라고도 한다.

(용어) **변리사** : 특허, 실용신안, 의장, 상표 등에 관한 사무를 처리하는 일을 직업으로 하는 사람을 말한다.

(용어) **공증인** : 공공기관이 인정한 증인을 말한다. 공증인이 증서를 작성해 주거나 도장을 찍어주는 것은 확실하다는 증인의 증언을 받는 것과 같은 효력이 발생한다.

제164조 (1년의 단기소멸시효) 다음 각호의 채권은 1년간 행사하지 아니하면 소멸시효가 완성한다.
1. 여관, 음식점, 대석, 오락장의 숙박료, 음식료, 대석료, 입장료, 소비물의 대가 및 체당금의 채권
2. 의복, 침구, 장구 기타 동산의 사용료의 채권
3. 노역인, 연예인의 임금 및 그에 공급한 물건의 대금채권
4. 학생 및 수업자의 교육, 의식 및 유숙에 관한 교주, 숙주, 교사의 채권

(용어) **대석** : 자리를 빌리는 것을 말한다.

(용어) **대석료** : 자리를 빌리는데 내야 하는 돈을 말한다.

- 용어 오락장 : 오락을 위한 시설을 말한다.
- 용어 소비물 : 오락장에서 소비하는 물건을 말한다. (클럽에서 먹는 맥주가 있다.)
- 용어 장구 : 여러 가지 도구를 말한다.
- 용어 노역인 : 몸으로 노동을 제공하는 사람을 말한다.
- 용어 의식 : 의복과 식사를 말한다.
- 용어 유숙 : 남의 집에서 머무르는 것을 말한다.
- 용어 교주 : 학교 이사장을 말한다.
- 용어 숙주 : 글방의 훈장님을 말한다.

> **제165조 (판결 등에 의하여 확정된 채권의 소멸시효)** ① 판결에 의하여 확정된 채권은 단기의 소멸시효에 해당한 것이라도 그 소멸시효는 10년으로 한다.
> ② 파산절차에 의하여 확정된 채권 및 <u>재판상의 화해</u>, <u>조정</u> 기타 판결과 동일한 효력이 있는 것에 의하여 확정된 채권도 전항과 같다.
> ③ 전2항의 규정은 판결확정당시에 변제기가 도래하지 아니한 채권에 적용하지 아니한다.

- 용어 판결 : 법원의 재판을 말한다.
- 용어 재판상의 화해 : 법원의 관여하여 이루어지는 화해로, 소송상 화해와 제소 전 화해를 포함한다.
- 용어 조정 : 분쟁을 해결하기 위하여 법관이 아닌 제3자가 당사자 사이에 끼어들어 쌍방의 양보를 통한 합의를 이끌어 내는 것을 말한다.

> **제166조 (소멸시효의 기산점)** ① 소멸시효는 권리를 행사할 수 있는 때로부터 진행한다.
> ② <u>부작위를 목적으로 하는 채권의 소멸시효는 위반행위를 한 때로부터 진행한다.</u>

- (용어) 소멸시효의 기산점 : 소멸시효 기간을 계산하기 시작한 시점을 말한다.
- (용어) 소멸시효 진행 : 권리를 행사하지 않아 권리의 소멸이 진행되기 시작함을 말한다.
- (용어) 부작위1 : 어떤 행위나 행동을 하지 않는 것을 말한다.
- (용어) 부작위를 목적으로 하는 채권의 소멸시효는 위반행위를 한 때로부터 진행 : 어떤 행위나 행동을 하지 않는 것을 채권으로 한 경우에는 위반행위시부터 채권이 발생하게 되고 이때부터 소멸시효가 진행하게 된다. (남의 가게 앞에 주차를 하지 말 것을 약속받고 이를 어길 시 1일 1만원을 받기로 하였다면, 남의 가게 앞에 주차를 한 때부터 1만원을 받을 채권이 발생하고 이에 대한 소멸시효가 진행한다.)

> **제167조 (소멸시효의 소급효)** 소멸시효는 그 기산일에 소급하여 효력이 생긴다.

> **제168조 (소멸시효의 중단사유)** 소멸시효는 다음 각호의 사유로 인하여 중단된다.
> 1. 청구
> 2. 압류 또는 가압류, 가처분
> 3. 승인

- (용어) 중단 : 중간에 하던 일이 끊어져 단절되는 것을 표시하는 단어이다. 처음부터 다시 시작해야 한다.
- (용어) 소멸시효의 중단 : 소멸시효가 진행되다가 중간에 끊어져 단절되는 것을 말한다.
- (용어) 압류 : 채무자가 강제집행의 대상이 되는 재산을 처분하는 것을 금지하는 것을 말한다. 이는 강제집행의 착수에 해당한다.
- (용어) 가압류 : 임시로 하는 압류를 말한다. 이는 강제집행을 보전하기 위해서 사용된다.

(용어) 승인 : 일정한 사실을 스스로 인정하는 것을 표시하는 단어이다. (채무자가 채무가 있음을 스스로 인정하는 것이 이에 속한다.)

제169조 (시효중단의 효력) 시효의 중단은 당사자 및 그 승계인간에만 효력이 있다.

제170조 (재판상의 청구와 시효중단) ① 재판상의 청구는 소송의 각하, 기각 또는 취하의 경우에는 시효중단의 효력이 없다.
② 전항의 경우에 6월내에 재판상의 청구, 파산절차참가, 압류 또는 가압류, 가처분을 한 때에는 시효는 최초의 재판상 청구로 인하여 중단된 것으로 본다.

(용어) 재판상의 청구 : 채권자가 채무자에게 재판상으로 이행을 청구하는 것을 말한다.

(용어) 각하 : 법원이 민사소송상의 형식적인 부분의 부적법이 발견되면 재판을 진행하지 않는 것을 말한다.

(용어) 기각 : 법원이 소송을 제기한 신청내용을 배척하는 것을 말한다.

(용어) 취하 : 법원에 소송을 제기한 자가 스스로 소송을 물리는 것을 말한다.

제171조 (파산절차참가와 시효중단) 파산절차참가는 채권자가 이를 취소하거나 그 청구가 각하된 때에는 시효중단의 효력이 없다.

(용어) 취소2 : 국가기관의 취소를 표시하는 단어이다.

제172조 (지급명령과 시효중단) 지급명령은 채권자가 법정기간 내에 가집행신청을 하지 아니함으로 인하여 그 효력을 잃은 때에는 시효중단의 효력이 없다.

(용어) 지급명령 : 지급을 하라고 명령을 내린 법원의 재판을 말한다.

(용어) 가집행 : 재판이 확정되기 전에 임시로 강제집행을 하는 것을 말한다.

> **제173조 (화해를 위한 소환, 임의출석과 시효중단)** 화해를 위한 소환은 상대방이 출석하지 아니 하거나 화해가 성립되지 아니한 때에는 1월내에 소를 제기하지 아니하면 시효중단의 효력이 없다. 임의출석의 경우에 화해가 성립되지 아니한 때에도 그러하다.

(용어) 화해 : 화합하면서 풀어나가는 것을 말한다.

(용어) 화해를 위한 소환 : 제소전 화해를 위해서 법원에서 당사자를 전부 불러들이는 것을 말한다.

(용어) 임의출석 : 본인이 미리 소를 제기하지 않고 당사자가 임의로 법원에 출석하여 소송에 관한 변론을 하고 구술에 의한 진술로써 소를 제기하는 방식을 말한다.

> **제174조 (최고와 시효중단)** 최고는 6월내에 재판상의 청구, 파산절차참가, 화해를 위한 소환, 임의출석, 압류 또는 가압류, 가처분을 하지 아니하면 시효중단의 효력이 없다.

(용어) 최고 : 재촉하는 것을 말한다. 여기서의 최고는 재판 외의 방법으로 재촉한다는 뜻으로 재판 외의 청구를 말한다.

> **제175조 (압류, 가압류, 가처분과 시효중단)** 압류, 가압류 및 가처분은 권리자의 청구에 의하여 또는 법률의 규정에 따르지 아니함으로 인하여 취소된 때에는 시효중단의 효력이 없다.

(용어) 취소2 : 국가기관의 취소를 표시하는 단어이다.

제176조 (압류, 가압류, 가처분과 시효중단) 압류, 가압류 및 가처분은 시효의 이익을 받은 자에 대하여 하지 아니한 때에는 이를 그에게 통지한 후가 아니면 시효중단의 효력이 없다.

(용어) 시효이익을 받은 자 : 소멸시효가 완성되면서 이익을 얻게 된 자를 말한다. 일반적으로 채무자가 이에 속한다.

제177조 (승인과 시효중단) 시효중단의 효력 있는 승인에는 상대방의 권리에 관한 처분의 능력이나 권한 있음을 요하지 아니한다.

제178조 (중단후에 시효진행) ① 시효가 중단된 때에는 중단까지에 경과한 시효기간은 이를 산입하지 아니하고 중단사유가 종료한 때로부터 새로이 진행한다.
② 재판상의 청구로 인하여 중단한 시효는 전항의 규정에 의하여 재판이 확정된 때로부터 새로이 진행한다.

(용어) 중단까지에 경과한 시효기간은 이를 산입하지 아니하고 : 소멸시효기간이 10년인 채권의 소멸시효가 3년이 진행된 이후에 중단이 되면 3년의 소멸시효는 단절이 되어 다시 10년의 소멸시효가 진행한다.

제179조 (제한능력자의 시효정지) 소멸시효의 기간만료 전 6개월 내에 제한능력자에게 법정대리인이 없는 경우에는 그가 능력자가 되거나 법정대리인이 취임한 때부터 6개월 내에는 시효가 완성되지 아니한다.

(용어) 시효정지 : 소멸시효 중간에 진행이 멈추었다가 일정한 사유발생 이후에 나머지 기간을 진행하게 되는 것을 말한다. '소멸시효의 정지'라고도 한다.

民.法.總則

> **논점 정리** 정지, 중단, 중지
> ⓐ 정지 : 정지사유가 발생하면 잠시 멈추었다가 정지사유가 없어지면 다시 진행되는 것을 표시하는 단어이다. 이번 프로젝트를 정지하겠다고 한다면 프로젝트가 어떤 사유로 인해 잠시 멈추게 된 것을 말한다.
> ⓑ 중단 : 진행하던 일이 완전히 끊어져 단절되는 것을 표시하는 단어이다. 이번 프로젝트를 중단하겠다고 한다면 프로젝트가 완전히 없어지게 되고, 다른 프로젝트를 처음부터 다시 시작해야 한다.
> ⓒ 중지 : 자발적으로 일을 중도에 그만 두는 것을 표시하는 단어이다.

> **제180조 (재산관리자에 대한 제한능력자의 권리, 부부 사이의 권리와 시효정지)**
> ① 재산을 관리하는 아버지, 어머니 또는 후견인에 대한 제한능력자의 권리는 그가 능력자가 되거나 후임 법정대리인이 취임한 때부터 6개월 내에는 소멸시효가 완성되지 아니한다.
> ② 부부 중 한쪽이 다른 쪽에 대하여 가지는 권리는 혼인관계가 종료된 때부터 6개월 내에는 소멸시효가 완성되지 아니한다.

> **제181조 (상속재산에 관한 권리와 시효정지)** 상속재산에 속한 권리나 상속재산에 대한 권리는 상속인의 확정, 관리인의 선임 또는 파산선고가 있는 때로부터 6월내에는 소멸시효가 완성하지 아니한다.

> **제182조 (천재 기타 사변과 시효정지)** <u>천재 기타 사변</u>으로 인하여 소멸시효를 중단할 수 없을 때에는 그 사유가 종료한 때로부터 1월내에는 시효가 완성하지 아니한다.

(용어) 천재 : 자연재해를 말한다.

(용어) 기타 사변 : 천재 외의 사람의 힘으로 피할 수 없는 사건을 말한다.

제183조 (종속된 권리에 대한 소멸시효의 효력) 주된 권리의 소멸시효가 완성한 때에는 <u>종속된 권리에 그 효력이 미친다.</u>

(용어) 종속된 권리에 그 효력이 미친다 : 종속된 권리도 소멸하는 것을 말한다.

제184조 (<u>시효의 이익의 포기</u> 기타) ① 소멸시효의 이익은 미리 포기하지 못한다.
② 소멸시효는 법률행위에 의하여 <u>이를 배제</u>, <u>연장</u> 또는 <u>가중</u>할 수 없으나 이를 <u>단축</u> 또는 <u>경감</u>할 수 있다.

(용어) 소멸시효의 이익 : 소멸시효가 완성되면서 받는 이익을 말한다. 일반적으로 채무자는 채무를 이행하지 않아도 된다.

(용어) 소멸시효의 이익의 포기 : 소멸시효가 완성되면서 받는 이익을 쓰지 않기로 하는 것을 말한다. 즉 채무자가 채무를 인정하고 이를 이행하는 것이다.

(용어) 소멸시효를 배제 : 소멸시효를 인정하지 않는 것을 말한다.

(용어) 소멸시효를 연장 : 소멸시효 기간을 늘리기로 하는 것을 말한다.

(용어) 소멸시효의 가중 : 소멸시효를 완성하는 과정을 복잡하게 하거나 새로운 절차를 추가하는 등의 부담을 증가시키는 것을 말한다.

(용어) 소멸시효의 단축 : 소멸시효 기간을 줄이기로 하는 것을 말한다.

(용어) 소멸시효의 경감 : 소멸시효를 완성하는 과정을 덜어서 가볍게 하는 등의 부담을 감소시키는 것을 말한다.

용어색인

M.E.M.O

용어색인

(1)
- 19세 ·········· 29
- 1세에 이르지 아니한 경우에는 월수로 표시 ·········· 119

(4)
- 4촌 이내의 친족 ·········· 33

(ㄱ)
- 가압류 ·········· 126
- 가액의 불확정한 채권 ·········· 71
- 가정법원 ·········· 33
- 가주소 ·········· 42
- 가집행 ·········· 128
- 가처분 ·········· 57
- 각하 ·········· 127
- 갈음 ·········· 37
- 감독 ·········· 50
- 감사 ·········· 62
- 감정인 ·········· 71
- 강박 ·········· 88
- 강박에 의한 의사표시 ·········· 88
- 강제집행 ·········· 111
- 개임 ·········· 43
- 거소 ·········· 42
- 거절 ·········· 40, 103
- 검사 ·········· 50
- 결의권 ·········· 64
- 경개 ·········· 110
- 경솔 ·········· 79
- 계약시에 소급하여 그 효력이 생긴다 ·········· 104
- 공 ·········· 75
- 공고 ·········· 58
- 공시송달 ·········· 90
- 공익을 해하는 ·········· 51

- 공증인 ··· 124
- 공휴일 ··· 120
- 과반수 ·· 60
- 과실1 또는 알 수 있었을 때 ······································ 86, 90, 93, 94, 101
- 과실2 ·· 76
- 과태료 ·· 73
- 관리 ·· 43
- 관리할 수 있는 자연력 ··· 74
- 관습 ·· 82
- 관습법 ·· 28
- 교주 ·· 125
- 구소재지 ··· 56
- 국고 ·· 67
- 궁박 ·· 79
- 권리능력 ··· 29
- 권리능력의 존속기간 ··· 29
- 권한 외의 법률행위 ··· 98
- 권한을 정하지 아니한 대리인 ··· 94
- 귀속권리자 ··· 67
- 그러하지 아니하다 ······························ 90, 97, 101, 103, 104, 118
- 그러하지 아니하다 ··· 30, 95
- 근거 ·· 42
- 급료 ·· 124
- 기각 ·· 127
- 기간 ·· 117
- 기간말일의 종료 ··· 119
- 기간을 시, 분, 초로 정한 때 ·· 118
- 기간을 일, 주, 월, 연으로 정한 때 ·· 118
- 기간의 계산 ··· 117
- 기간이 오전 영시부터 시작하는 때에는 그러하지 아니하다 ···· 118
- 기명날인 ··· 52
- 기예 ·· 48
- 기타 사변 ··· 131
- 기한부 권리 ··· 116
- 기한의 이익 ··· 115
- 기한의 이익의 포기 ··· 116

(ㄴ)

- 남용 ·· 28

- 노령 ·· 33
- 노역인 ·· 125
- 능력자 ·· 39

(ㄷ)

- 단기소멸시효 ·· 124
- 단독행위 ·· 40
- 담보 ·· 45
- 담보를 제공 ·· 45
- 당사자 ·· 78
- 당사자 쌍방 ·· 97
- 대리 ·· 61, 91
- 대리권을 수여함을 표시한 자 ················ 97
- 대리권의 소멸 ······································· 99
- 대리권의 소멸사유 ································· 99
- 대리권이 없는 자 ································ 102
- 대리인 ·· 29, 91
- 대리행위 ······································· 91, 92
- 대리행위에 하자 ··································· 93
- 대석 ··· 124
- 대석료 ·· 124
- 대표자 ·· 50
- 대항 ·· 32
- 대항요건 ··· 60
- 도급 ··· 124
- 도급받은 자 ······································· 124
- 도달 ·· 89
- 동시에 사망 ·· 47
- 동의 ·· 29
- 득실 ·· 52

(ㅁ)

- 만(滿) 나이 ··· 119
- 면하는 ··· 30
- 무경험 ··· 79
- 무권대리 ·· 102
- 무효 ·· 78
- 무효행위의 전환 ································· 106

- 무효행위의 추인 ·· 106
- 물건의 용법 ··· 76
- 미성년자 ··· 29
- 미성년자가 직접 법률행위를 하는 경우 ··· 32
- 미성년후견감독인 ··· 33
- 미성년후견인 ·· 33
- 미정 ··· 113
- 민사에 관하여 ·· 28

(ㅂ)

- 반신의행위 ··· 114
- 받은 이익이 현존하는 한도 ·· 46
- 발하고 ·· 64
- 배상 ·· 46
- 배우자 ·· 33
- 범위를 정하여 처분을 허락한 재산 ··· 30
- 법령 중의 선량한 풍속 기타 사회질서에 관계없는 규정 ············ 82
- 법률의 규정 ·· 48
- 법률행위 ··· 29
- 법률행위는 무효 ·· 78
- 법률행위에 의하여 수여된 대리권 ··· 100
- 법원(法源) ·· 28
- 법원(法院) ·· 33
- 법인 ·· 48
- 법인과 이사의 이익이 상반하는 사항 ··· 62
- 법인은 설립등기를 함으로써 성립한다 ··· 49
- 법인의 불법행위능력 ··· 49
- 법인이 성립된 때 ·· 55
- 법정과실 ··· 76
- 법정대리인 ··· 29
- 법정대리인 또는 후견인이 추인하는 경우에는 적용하지 아니한다 ········ 110
- 법정대리인이 대리하여 법률행위를 하는 경우 ···························· 32
- 법정추인 ··· 110
- 변경 ·· 35
- 변리사 ·· 124
- 변제 ·· 69
- 변제기 ·· 71
- 변제를 청구 ·· 71
- 보수 ·· 45

- 보전 ·············· 54
- 보존 ·············· 44
- 보존행위 ·············· 94
- 보충 ·············· 53
- 복대리인 ·············· 95
- 복임권 ·············· 95
- 본다 ·············· 46
- 본법 ·············· 74
- 본인 ·············· 33
- 본인을 위한 것임을 표시 ·············· 92
- 본인의 의사를 고려하여야 한다 ·············· 34
- 본인의 의사에 반하여 할 수 없다 ·············· 38
- 본인의 지명에 의하여 복대리인을 선임 ·············· 96
- 본장 ·············· 117
- 부속 ·············· 75
- 부속물 ·············· 75
- 부양료 ·············· 124
- 부작위1 ·············· 126
- 부작위를 목적으로 하는 채권의 소멸시효는 위반행위를 한 때로부터 진행 ·············· 126
- 부재 중 ·············· 43
- 부재자 ·············· 43
- 부재자의 생사가 5년간 분명하지 아니한 때 ·············· 45
- 부적임 ·············· 96
- 부정 ·············· 63
- 부정기재 ·············· 73
- 부정한 공고 ·············· 73
- 부족한 ·············· 36
- 부지 ·············· 94
- 불공정한 ·············· 78
- 불능 ·············· 66
- 불법 ·············· 115
- 불법조건 ·············· 115
- 불비 ·············· 63
- 불성실 ·············· 96
- 비치 ·············· 58

(ㅅ)

- 사기 ·············· 88
- 사기에 의한 의사표시 ·············· 88

- 사단 ·· 48
- 사단법인 ··· 51
- 사단법인의 설립자 ·· 52
- 사실인 관습 ·· 82
- 사업연도 ··· 58
- 사용료 ·· 124
- 사원 ·· 50
- 사원 과반수의 출석수 ·· 64
- 사원, 이사 및 기타 대표자가 연대하여 배상 ·· 50
- 사원명부 ··· 58
- 사원자격 ··· 52
- 사항 ·· 50
- 사회질서 ··· 78
- 산출물 ·· 76
- 상대방 ·· 39
- 상대방에 대하여 하지 아니하면 ··· 103
- 상대방을 알지 못하는 경우 ·· 90
- 상대방의 선택 ·· 104
- 상대방의 소재를 알지 못하는 경우 ··· 90
- 상대방이 그 사실을 안 때에는 그러하지 아니하다 ··································· 103
- 상사회사설립의 조건에 좇아 법인으로 할 수 있다 ····································· 51
- 상속 ·· 59
- 상용 ·· 75
- 상이한 때 ··· 46
- 상환 ·· 107
- 생사 ·· 43
- 생사가 분명하지 아니한 때 ·· 43
- 생존한 동안 ··· 29
- 선고 ·· 45
- 선량한 관리자의 주의 ··· 61
- 선량한 풍속 ··· 78
- 선의 ·· 32
- 선의의 제3자에게 대항하지 못한다 ·· 32
- 선임감독에 관한 책임 ··· 96
- 설립등기 ··· 49
- 성년자가 직접 법률행위를 하는 경우 ··· 32
- 성년자와 동일한 행위능력이 있다 ·· 31
- 성년후견개시의 심판 ··· 34
- 성년후견개시의 원인 ··· 36

- 성년후견개시의 원인이 소멸 ·········· 36
- 성년후견의 개시 ·········· 100
- 성년후견인 ·········· 34
- 성년후견인감독인 ·········· 34
- 성부 ·········· 113
- 성질을 변하는 범위에서 그 이용 또는 개량하는 행위 ·········· 95
- 성질을 변하지 아니하는 범위에서 그 이용 또는 개량하는 행위 ·········· 94
- 소급 ·········· 103
- 소멸 ·········· 36
- 소멸시효 ·········· 123
- 소멸시효 진행 ·········· 126
- 소멸시효가 완성 ·········· 123
- 소멸시효를 배제 ·········· 131
- 소멸시효를 연장 ·········· 131
- 소멸시효의 가중 ·········· 131
- 소멸시효의 경감 ·········· 131
- 소멸시효의 기산점 ·········· 126
- 소멸시효의 단축 ·········· 131
- 소멸시효의 이익 ·········· 131
- 소멸시효의 이익의 포기 ·········· 131
- 소멸시효의 중단 ·········· 126
- 소비물 ·········· 125
- 속임수 ·········· 40
- 수권행위 ·········· 95
- 수권행위의 철회 ·········· 100
- 수여함을 표시 ·········· 97
- 수취하는 산출물 ·········· 76
- 수취할 권리 ·········· 76
- 수취할 권리자 ·········· 76
- 숙주 ·········· 125
- 승계인 ·········· 107
- 승낙 ·········· 95
- 승인 ·········· 127
- 시기 있는 법률행위 ·········· 115
- 시효이익을 받은 자 ·········· 129
- 시효정지 ·········· 129
- 신소재지 ·········· 56
- 신의 ·········· 28
- 신의성실 ·········· 28

- 실종 ·· 45
- 실종선고 ·· 45
- 실종의 선고를 직접원인으로 재산을 취득한 자 ·································· 46
- 심판 ·· 34
- 쌍방대리 또는 당사자 쌍방을 대리 ·· 97

(ㅇ)

- 알고 있는 ·· 70
- 알았을 경우 ·· 40
- 압류 ·· 126
- 압류 후 저당권자 ·· 77
- 양도 ·· 59
- 어느 행위에 있어서 가주소를 정한 때 ·· 42
- 역 ·· 119
- 역에 의한 계산 ·· 119
- 연대 ·· 50
- 연도 말 ·· 58
- 연수로 표시 ·· 119
- 영리 ·· 48
- 영리 아닌 사업 ·· 48
- 영리법인 ·· 51
- 영업에 관하여는 성년자와 동일한 행위능력이 있다 ······················ 31
- 오락장 ·· 125
- 오전 영시 ··· 118, 119
- 완제 ·· 72
- 원물의 소유자 ·· 77
- 원인된 법률관계 ·· 100
- 원인된 법률관계의 종료 ·· 100
- 위난 ·· 45
- 위난이 종료 한 후 ·· 45
- 위임 ·· 94
- 유숙 ·· 125
- 유언의 효력이 발생한 때 ·· 55
- 유증 ·· 54
- 유체물 ·· 74
- 유치권자, 질권자 ·· 77
- 은폐 ·· 73
- 의결 ··· 50, 60
- 의사록 ·· 65

- 의사의 경과 ·· 65
- 의사의 요령 ·· 65
- 의사의 흠결 ·· 93
- 의식 ··· 125
- 이사 ··· 50
- 이사가 없는 경우 ······································ 61
- 이사의 결원이 있는 경우 ··························· 62
- 이사의 대표권에 대한 제한의 대항요건 ····· 60
- 이익이 상반 ·· 62
- 이전2 ··· 56
- 이해관계인 ·· 43
- 이행 ·· 28
- 이행의 청구 ·· 110
- 익일 ··· 120
- 인계 ··· 72
- 인도 ··· 69
- 임면 ··· 52
- 임무를 해태한 때 ······································ 62
- 임시이사 ··· 62
- 임시총회 ··· 63
- 임의 ··· 80
- 임의규정 ··· 80
- 임의대리인 ·· 95
- 임의로 ·· 30
- 임의출석 ··· 128

(ㅈ)

- 자기계약 또는 자기와 법률행위 ················ 97
- 자기를 위한 것으로 본다 ·························· 92
- 자산 ··· 52
- 자선 ··· 48
- 잔여재산 ··· 67
- 잔여재산의 귀속 ······································· 67
- 잔여재산의 인도 ······································· 69
- 장구 ··· 125
- 장애 ··· 33
- 재단 ··· 48
- 재단법인 ··· 53
- 재산관리인 ·· 43

- 재산목록 ··· 58
- 재판상의 청구 ··· 127
- 재판상의 화해 ··· 125
- 적용하지 아니한다 ·· 64, 109
- 전쟁종지 후 ··· 45
- 전조 제1항에 정한 책임만이 있다 ·· 96
- 전조 제1항의 규정을 준용한다 ··· 93
- 전조의 규정에 의하여 ··· 62
- 전조의 규정은 전항의 경우에 준용한다 ·· 109
- 전조의 기간이 만료한 때 ·· 16, 46
- 전지에 임한 자 ·· 45
- 전항 ·· 30
- 전항의 규정에도 불구하고 ··· 54
- 전항의 명령 ··· 43
- 전환 ·· 106
- 정관 ·· 49
- 정관에 다른 규정이 있는 때에는 그 규정에 의한다 ····························· 53
- 정관으로 정한 목적의 범위 내 ··· 49
- 정관의 변경 ··· 53
- 정관의 보충 ··· 53
- 정당한 이유 ··· 98
- 정수 ·· 53
- 정지 ·· 57
- 정지조건 ·· 113
- 제140조에 규정한 자 ·· 109
- 제1항과 같다 ··· 41
- 제1항과 같다 ··· 45
- 제1항을 적용하지 아니한다 ·· 104
- 제3자 ··· 32
- 제한능력자 ·· 39
- 조건1 ·· 51
- 조건2 ··· 71, 113, 114, 115
- 조건성취 ·· 113
- 조건없는 법률행위로 한다 ··· 115
- 조건의 성부 ··· 113
- 조건의 성부가 미정한 동안 ··· 114
- 조리 ·· 28
- 조산사 ·· 124
- 조정 ·· 125

- 존립시기 ·········· 52
- 존속기간 ·········· 29
- 존속기간의 불확정한 채권 ·········· 71
- 존속기간일수의 비율 ·········· 77
- 종기 있는 법률행위 ·········· 115
- 종료 ·········· 119
- 종물 ·········· 76
- 종물은 주물의 처분에 따른다 ·········· 76
- 종속된 권리에 그 효력이 미친다 ·········· 131
- 주된 사무소 ·········· 49
- 주무관청의 허가 ·········· 48
- 주물 ·········· 76
- 주사무소 ·········· 56
- 주소 ·········· 42
- 준용 ·········· 36
- 준칙 ·········· 48
- 중단 ·········· 126
- 중단까지에 경과한 시효기간은 이를 산입하지 아니하고 ·········· 129
- 중대한 과실 ·········· 87
- 중요부분에 착오 ·········· 87
- 즉시부터 기산한다 ·········· 118
- 증감 ·········· 63
- 지급 ·········· 44, 124
- 지급명령 ·········· 127
- 지상권자, 전세권자, 임차권자, 저당권 설정자 ·········· 77
- 지속적으로 결여 ·········· 33
- 지연손해배상 ·········· 70
- 지정 ·········· 67
- 지정한 자 ·········· 67
- 직무 ·········· 49
- 직접 본인에게 대하여 효력이 생긴다 ·········· 92
- 진의 ·········· 86
- 진의 아닌 의사표시 ·········· 86
- 진의 아님 ·········· 86

(ㅊ)

- 착오 ·········· 87
- 착오로 인한 의사표시 ·········· 87
- 채권 ·········· 69

- 채권 및 소유권 이외의 재산권 ·········· 123
- 채권변제의 특례 ·········· 71
- 채권신고기간 내 ·········· 70
- 채권신고의 공고 ·········· 69
- 채권을 신고할 것을 최고 ·········· 70
- 채권의 추심 ·········· 69
- 처음부터 ·········· 107
- 천연과실 ·········· 76
- 천재 ·········· 130
- 철회1 ·········· 40, 104
- 철회2 ·········· 100
- 청산 ·········· 67
- 청산인 ·········· 67
- 청산중의 법인 ·········· 71
- 초일은 산입하지 아니한다 ·········· 118
- 총사원 3분의 2이상의 동의 ·········· 53
- 총회 ·········· 60
- 총회의 의결 ·········· 60
- 최고 ·········· 69, 128
- 최종의 월에 해당일이 없는 때에는 그 월의 말일로 기간이 만료한다 ·········· 120
- 추심 ·········· 69
- 추인1 ·········· 39, 40, 109, 110, 111
- 추인2 ·········· 102, 103, 104
- 추인3 ·········· 106
- 추인을 거절 ·········· 103
- 추인할 수 있는 날로부터 ·········· 111
- 추정 ·········· 47
- 출석사원의 결의권의 과반수 ·········· 65
- 출연재산 ·········· 55
- 취소 ·········· 30, 31, 32
- 취소1 ·········· 34, 37, 39, 41, 87, 88, 107, 108, 109, 110
- 취소2 ·········· 43, 51, 57, 66, 127, 128
- 취소2 ·········· 46
- 취소권 ·········· 111
- 취소권의 소멸 ·········· 111
- 취소권자 ·········· 107
- 취소의 원인 ·········· 109
- 취소의 원인이 소멸된 후 ·········· 109
- 취임 ·········· 68

- 취하 ······127

(ㅌ)
- 태만 ······96
- 토지의 정착물 ······74
- 통상사무 ······61
- 통상총회 ······63
- 통정 ······86
- 통정한 허위의 의사표시 ······87
- 통지 ······64
- 특별대리인 ······62
- 특정한 행위를 대리하게 할 수 있다 ······61
- 특정후견의 심판 ······38
- 특정후견인 ······34
- 특정후견인감독인 ······34

(ㅍ)
- 파산 ······66
- 파산관재인 ······72
- 파산선고 ······72
- 파산신청 ······66
- 판결 ······125
- 포기 ······115
- 표현대리 ······97
- 피성년후견인 ······34
- 피특정후견인 ······38
- 피한정후견인 ······37

(ㅎ)
- 하여야 한다 ······44
- 하자 ······93
- 한정후견개시의 경우에 제9조 제2항을 준용한다 ······36
- 한정후견개시의 심판 ······36
- 한정후견개시의 원인이 소멸 ······37
- 한성후견인 ······33
- 한정후견인감독인 ······34
- 할 수 있다 ······43

- 해산 ····· 52
- 해산등기 ····· 68
- 해산사유 ····· 52
- 해산신고 ····· 68
- 해산을 결의 ····· 66
- 해산한 법인 ····· 67
- 해임 ····· 68
- 해제조건 ····· 113
- 해태 ····· 62
- 행위능력 ····· 31
- 행위능력자 ····· 94
- 행위능력자임을 요하지 아니한다 ····· 94
- 허가 ····· 37
- 허락 ····· 30
- 허위의 의사표시 ····· 86
- 현 상태를 유지하려고 함 ····· 39, 103
- 현존사무의 종결 ····· 69
- 화해 ····· 128
- 화해를 위한 소환 ····· 128
- 확답을 촉구 ····· 39
- 확답을 최고 ····· 103
- 효력발생시기 ····· 89
- 효력이 없다 ····· 52
- 효력이 있다 ····· 86
- 후원 ····· 38
- 흠결 ····· 93

M.E.M.O

M.E.M.O

조문으로 보는 용어정리 민법총칙

저자 **김 묘 엽**
한양대학교 법과대학

제4판 발행 2024년 4월 22일

발 행 인 윤 혜 영
편 집 자 구 낙 회
디 자 인 진 연

펴 낸 곳 로앤오더
전   화 02-6332-1103
팩   스 02-6332-1104
주   소 서울시 성동구 왕십리로 8길 21-1 2층 201호
카   페 cafe.naver.com/lawnorder21

ISBN 979-11-6267-421-5   **정 가** 8,500원

본서는 저자와의 협의하에 인지는 생략합니다. 파본은 본사와 구입하신 서점에서 교환해 드립니다. 이 책은 저작권법에 따라 보호받는 저작물이므로 무단복제를 금지하며 이 책 내용의 전부 또는 일부를 이용하려면 반드시 저작권자와 로앤오더의 서면 동의를 받아야 합니다.